D0500370

1682

SAMMLUNG
METZLER

REALIEN ZUR LITERATUR
ABT. D:
LITERATURGESCHICHTE

WOLFGANG BENDER

Johann Jakob Bodmer
und
Johann Jakob Breitinger

———

MCMLXXIII

J. B. METZLERSCHE VERLAGSBUCHHANDLUNG

STUTTGART

ISBN 3 476 10113 4

M 113

© J. B. Metzlersche Verlagsbuchhandlung und Carl Ernst Poeschel Verlag GmbH
in Stuttgart 1973. Satz und Druck: H. Laupp jr, Tübingen
Printed in Germany

INHALT

Vorbemerkung

Die Maxime der Gedankenfreiheit beherrschte das Wirken der beiden Männer, denen die Schreiber von literarhistorischen Büchern und Abhandlungen einen bescheidenen Platz als Künder neuer ästhetischer Einsichten angewiesen haben. Hätte man ihrem leidenschaftlichen Engagement für die Anerkennung und Erhaltung republikanischer Tugenden von vornherein die gebührende Aufmerksamkeit geschenkt, so wäre es kaum zu Klischeebildungen gekommen, wie wir sie in der Literaturgeschichtsschreibung häufig vorfinden. Maßgeblich für die Beurteilung ihres Werkes war der ästhetische Kanon der klassisch-idealistischen Dichtungsauffassung. An diesem gemessen, kam ihnen nichts weiter als eine Art ‚Vorläuferrolle‘ zu. Daß ihr kritisch-ästhetisches Werk als gewichtiger Beitrag in dem Entwicklungsprozeß gewertet werden muß, der schließlich hinführt zur Symbolkunst im Sinne Goethes, wird kaum von der Hand zu weisen sein. Nur hat die Überbetonung dieses Aspekts zu Verzerrungen des Bodmer- und Breitinger-Bildes geführt, die literarhistorisch durch nichts zu rechtfertigen sind.

Dem kritisch-ästhetischen Bereich ihres Schaffens gilt ein Teil der vorliegenden Arbeit – aber auch eben nur ein Teil. Es geht uns nicht um die ‚Rettung‘ eines hochgebildeten Zürcher Antisten, des Verfassers einer »Critischen Dichtkunst«, oder um die des „Vaters der Jünglinge“, dessen Produktion im Alter in der Tat beängstigende Formen annahm, sondern um literarhistorische Korrekturen. Daneben breiten wir Fakten aus, so wie es der Zielsetzung der ‚Sammlung Metzler‘ entspricht. Den „Altgermanisten“, Historikern, Übersetzern und Herausgebern Bodmer und Breitinger gelten vier Kapitel der Studie, dem „Dichter“ Bodmer ein weiteres. Darüber ist unseres Wissens noch nicht im größeren Zusammenhang gehandelt worden. Wir teilen die Ansicht Walther Goses (›Jahrb. d. Dt. Schillerges.‹ 13, 1969), daß eine Darstellung der Theologie Breitingers ein höchst wünschenswertes Unternehmen sei. Diese Arbeit kann freilich im Rahmen dieses Realienbandes nicht geleistet werden. Daß eine solche Darstellung nur das Resultat der Kooperation eines Literarhistorikers und eines Theologen sein könnte, versteht sich.

Anregend in jeder Hinsicht waren für den Verfasser die Studien Herbert Schöfflers (»Deutscher Geist im 18. Jahrhundert«, 1956) und der meisterhafte Essay, den Martin Bodmer seinem Landsmann und Namensvetter 1943 in der Zeitschrift ›Corona‹ widmete.

Herzlich danken wir den Bibliothekaren der Zentralbibliothek Zürich und der Schweizerischen Landesbibliothek Bern für nie ermüdende Hilfsbereitschaft. Dank sei jenen Kollegen, die uns immer wieder zur Überprüfung der eigenen Ansichten veranlaßten.

Bad Münstereifel/Münster, Westf.
im Spätherbst 1972

WOLFGANG BENDER

ABKÜRZUNGEN

AA	Wielands Gesammelte Schriften. Hrsg. von der Deutschen Kommission der Kgl. Preuß. Akademie der Wissenschaften (später: der Preuß. Akad. der Wissenschaften). Berlin 1909 ff.
ADB	Allgemeine Deutsche Biographie
bearb.	bearbeitet
Bibl.	Bibliothek
Bibl. ält. Schriftw.	Bibliothek älterer Schriftwerke der deutschen Schweiz
Bl(l).	Blatt bzw. Blätter
BLVS	Bibliothek des Litterarischen Vereins in Stuttgart
BPZ	Berlinische Privilegierte Zeitung
BW	Bodmer: Brief-Wechsel von der Natur des poetischen Geschmackes (1736)
BWK	Bibliothek der schönen Wissenschaften und der freyen Künste. 1757–1765.
CNRG	Critische Nachrichten aus dem Reiche der Gelehrsamkeit. 1750 und 1752.
DA	Dissertation Abstracts
Denkschrift	Johann Jakob Bodmer. Denkschrift zum CC. Geburtstag. Veranlaßt vom Lesezirkel Hottingen und hrsg. von der Stiftung Schnyder von Wartensee. 1900.
Diss.	Dissertation
DLD 18. Jahrh.	Deutsche Litteraturdenkmale des 18. Jahrhunderts
DN	Deutsche Neudrucke
DNL	Deutsche National Litteratur
DVjs.	Deutsche Vierteljahrsschrift
EK	Bodmer-Breitinger: Von dem Einfluß und Gebrauche der Einbildungs-Krafft. 1727.
FN	Freymüthige Nachrichten von neuen Büchern und andern zur Gelehrtheit gehörigen Sachen. 1744–1751.
GDLS	Jakob Baechtold: Geschichte der deutschen Literatur in der Schweiz. 1892.
gedr.	gedruckt
GGA	Göttingische Gelehrte Anzeigen
GLL	German Life and Letters
GRM	Germanisch-Romanische Monatsschrift

HBLS	Historisch-Biographisches Lexikon der Schweiz. Hrsg. von Heinrich Türler, Marcel Godet und Victor Attinger. 1921–1934.
Holzmann-Bohatta	Michael Holzmann und Hanns Bohatta: Deutsches Anonymen-Lexikon. 1902–1928.
Hs.	Handschrift
JDSG	Jahrbuch der Deutschen Schillergesellschaft
Jahrh.	Jahrhundert
JFDH	Jahrbuch des Freien Deutschen Hochstifts
Jöcher (Forts.)	Fortsetzung und Ergänzungen zu Christian Gottlieb Jöchers allgemeinem Gelehrten-Lexikon ... von Joh. Christoph Adelung. 1784 ff.
Körte	Briefe der Schweizer Bodmer, Sulzer, Geßner. Aus Gleims litterarischem Nachlasse, hrsg. von Wilhelm Körte. 1804.
LD	Literarische Denkmale von verschiedenen Verfassern. 1779.
Lfrg.	Lieferung
LM	Gotthold Ephraim Lessings sämtliche Schriften, hrsg. von Karl Lachmann, 3. auf's neue durchgesehene u. vermehrte Aufl., besorgt durch Franz Muncker. 1886 ff.
LP	Litterarische Pamphlete. Aus der Schweiz. Nebst Briefen an Bodmern. 1781.
MLN	Modern Language Notes
MLQ	Modern Language Quarterly
MLR	Modern Language Review
MsB	Manuskript Bodmer bzw. -Breitinger
Nachw.	Nachwort
NDB	Neue Deutsche Biographie
Neue theatr. Werke	Bodmer: Neue theatralische Werke. 1768.
N.F.	Neue Folge
N.S.	Nuova Serie bzw. New Series
PMLA	Publications of the Modern Language Association of America
Polit. Schausp.	Bodmer: Politische Schauspiele. 1768–69.
Rez.	Rezension
Schweiz. Schausp.	Bodmer: Schweizerische Schauspiele. 1775.
Stäudlin	Briefe berühmter und edler Deutschen an Bodmer, hrsg. von Gotthold Friedrich Stäudlin. 1794.
u.d.T.	unter dem Titel
Vetter	Bibliographie der Schriften J. J. Bodmers und der von ihm besorgten Ausgaben. In: Denkschrift (1900), S. 387–403.
Wolff	Eugen Wolff: Briefwechsel Gottscheds mit Bod-

	mer und Breitinger. In: ZfdU 10 (1887), S. 358 bis 381.
ZBZ	Zentralbibliothek Zürich
Zehnder	Josephine Zehnder geb. Stadlin: Pestalozzi. Idee und Macht der menschlichen Entwicklung. 1875.
ZfdA	Zeitschrift für deutsches Altertum
ZfdPh.	Zeitschrift für deutsche Philologie
ZfdU	Zeitschrift für den deutschen Unterricht
Zürcher Tb.	Zürcher Taschenbuch

I. Materialien

1. Der Nachlaß

Unter der Signatur St. 253 findet sich in der Handschriften-abteilung der *Zentralbibliothek Zürich* (= ZBZ) ein umfang-reiches Verzeichnis mit der Aufschrift »Bodmers Manuskripte«. Auf etwas über hundert handgeschriebenen Blättern liegt ein ausführlicher Katalog des Bodmer- und Breitingerschen Nach-lasses vor, der – bei laufender Numerierung – folgendermaßen gegliedert wurde:

MsB 1–13e: Briefe an Bodmer (etwa 3000); MsB 14–20: Briefe von Bodmer (etwa 1900); MsB 21–22: Briefe an Breitinger (625); MsB 23: Briefe von Breitinger (124), Briefe verschiedener Personen (58); MsB 24–25: Bodmers gedruckte Dramen; MsB 26: Bodmers ungedruckte Dramen; MsB 27: Altdeutsches (zum Minnesang); MsB 28: Kunstepen (zu Veldeke u. Wolfram); MsB 29: Nibelungen (vorwiegend Abschriften der Hs. C, Lesarten); MsB 30: Episches I (gedr. u. ungedr. Epen u. Epenfragmente); MsB 31: Episches II; MsB 32–33: Übersetzungen (zu Homers »Ilias« und »Odyssee«); MsB 34–34a: Prosaaufsätze I, Ia (vorwiegend Sprach- u. Literar-historisches); MsB 35: Prosaaufsätze II (zur Geschichte Zürichs u. der Eidgenossenschaft); MsB 36: Prosaaufsätze III (zur Politik u. zu politischen Institutionen der Kantone); MsB 37: Gesellschafts-akten (zur ›Gesellschaft der Mahler‹, zur ›Historischen‹ u. ›Morali-schen Gesellschaft‹); MsB 38: Biographisches und Bibliographi-sches (zur Biographie Bodmers); MsB 39: Fremdes I (u. a. kurze theologische, politische u. historische Aufsätze und Fragmente Brei-tingers); MsB 40: Fremdes II (vorwiegend Abschriften zeitgenös-sischer kleinerer Schriften kritischen Charakters); MsB 41: Fremdes III (gedr. u. ungedr. zeitgenössische Lyrik: u. a. Drollinger, Giseke, Karschin).

Eine *Fehlliste,* angefertigt während der Paginierung und Kollatio-nierung des Nachlasses, 1960/61, führt außerdem 33 Briefe von und an Bodmer sowie ein an Breitinger gerichtetes Schreiben an, über deren Verbleib nichts bekannt ist.

Unter der Signatur F 159–164 wird außerdem in der ZBZ ein klei-ner Bestand an theologischen und pädagogischen Papieren Breitin-gers aufbewahrt. Gemessen an der Hinterlassenschaft Bodmers, ist der Anteil Breitingers am Gesamtnachlaß gering.

Nur ein Bruchteil der im Nachlaß befindlichen *Korrespondenz* Bodmers und Breitingers wurde bisher veröffentlicht. Größere und kleinere Bestände an *Briefen* verwahren zahlreiche private und öffentliche Sammlungen. Zu ihnen gehören vorab folgende Bibliotheken und Institute: Kantonsbibl. Appenzell a. Rh., Trogen (etwa 200 Briefe Bodmers an seinen ärztlichen Freund Laurenz Zellweger); Öffentl. Bibl. der Universität Basel (9 Briefe von und an Bodmer, u. a. von und an J. R. Iselin; 41 Briefe Breitingers, hauptsächliche an den Theologen Jakob Christoph Beck); Freies Deutsches Hochstift, Frankfurt/M. (4 Briefe von Bodmer); Gleimhaus, Halberstadt (die meisten der dort befindlichen Briefe Bodmers veröffentlichte W. Körte; 13 unveröffentl. Briefe Bodmers an Gleim, 4 Briefe Bodmers an Pyra, Hirzel, Uz, Sulzer, zahlreiche Abschriften von Briefen an Bodmer); Universitätsbibl. Leipzig (40 Briefe von Bodmer, darunter 14 an Gottsched, 23 an Hagedorn, die meisten veröffentl.; vgl. die Briefedition bei E. Wolff); Deutsches Literaturarchiv Schiller-Nationalmuseum, Marbach/N. (5 Briefe von und an Bodmer, 1 Brief von Breitinger); Bayerische Staatsbibliothek, München (2 Briefe von Bodmer an F. L. Graf v. Stolberg bzw. Boie); Nationale Forschungs-u. Gedenkstätten, Weimar (1 Brief Bodmers an Breitinger, 5 Briefe von und an Bodmer); Stadtbibl. Winterthur (9 Briefe Bodmers und 7 Briefe Breitingers an Martin Künzli; Abschriften von 5 Briefen von und an Breitinger); Historical Society of Pennsylvania, Philadelphia (3 Briefe von Bodmer).

Literatur

WILHELM FRELS: Deutsche Dichterhandschriften von 1400 bis 1900. 1934. S. 29 u. 36. – Unvollständig.
ERNST GAGLIARDI und LUDWIG FORRER: Katalog der Handschriften der Zentralbibliothek Zürich. II: Neuere Handschriften seit 1500. Lfrg. 3, 1949, Sp. 1527–1535. – Nicht ganz vollständig.

2. Ausgaben

Die meisten wissenschaftlichen Bibliotheken der Bundesrepublik, der DDR, der Schweiz und Österreichs können ihren Benutzern zahlreiche Texte von Bodmer und Breitinger oder von ihnen veranstaltete Textausgaben anbieten. Über gute Bestände verfügen auch die größeren Universitätsbibliotheken der USA (z. B. State Univ. of New York, Columbia University, Univ. of Wisconsin/Madison, Stanford University, Univ. of California, Berkeley). Erschwerend für die Benutzung wirkt sich allerdings der Umstand aus, daß viele Bibliotheken ihre Bodmer- und Breitinger-Bestände oder Teile derselben ihren Rara-Abteilungen eingegliedert haben. Damit sind der Ausleihe enge Grenzen gesteckt.

Die Forderung nach einer *kritisch-historischen Gesamtausgabe* ist nie, auch nicht von den wohlwollendsten Beurteilern der beiden Zürcher erhoben worden. Um sie auch nur auf einem Teilgebiet wie den theoretischen Schriften zu realisieren, würde man auf erhebliche Schwierigkeiten stoßen. Es blieb denn auch bei einem bescheidenen Ansatz. THEODOR VETTER legte 1891 eine sorgfältig kommentierte Ausgabe der ›Discourse der Mahlern‹ (1721–23) vor. Es gibt freilich zu denken, daß die Editionsarbeit eines so ausgezeichneten Kenners nicht über das Ende des ersten Teils (24. Discours) hinauskam.

Im Zusammenhang mit seinen Studien über die ›Discourse‹ war Vetter bereits Jahre vorher auf ein Manuskript gestoßen, als dessen Verfasser er den Sekretär der ›Gesellschaft der Mahler‹, JOHANNES MEISTER, erkannt zu haben glaubte. Das Manuskript trägt den Titel »Chronick der Gesellschaft der Mahler« und wurde 1887 von Vetter herausgegeben. BAECHTOLD (GDLS, Anhang, S. 172) sieht in Breitinger den eigentlichen Verfasser der »Chronick«. Wir neigen zu der Annahme, daß Breitinger Anteil an der Abfassung des Dokuments nahm, daß aber Meister die Niederschrift und letzte Korrekturen übernommen hatte. Vetters Ausgabe der »Chronick« ist deshalb von so eminenter Bedeutung, weil das Schriftstück einen Einblick in das literarische Treiben im Zürich des frühen 18. Jhs gewährt.

Zwei kleinere Werke Bodmers waren kurz zuvor, 1883, erschienen: die »Vier kritischen Gedichte«, herausgegeben von Jakob Baechtold, und das Trauerspiel »Karl von Burgund« (1771), das einzige Drama Bodmers, das je in einer wissenschaftlichen Ausgabe vorgelegt wurde. Der Herausgeber war Bernhard Seuffert. – Im Anhang zu einer Studie über die deutsche, französische und antike anakreontische Lyrik veröffentlichte Friedrich Ausfeld 1907 die kleine Schrift »Von den Grazien des Kleinen« (1769).

Was vorher oder nachher erschien, waren Anthologien, die zwar der Vielfalt der Arbeitsgebiete Bodmers und Breitingers Rechnung trugen, der Forschung oder dem akademischen Unterricht aber wenig Material an die Hand gaben. Johannes Crüger vereinte 1884 Teile der kritischen Schriften der Schweizer (Breitinger: »Crit. Dichtkunst«, Bodmer-Breitinger: ›Discourse‹) mit Bodmers Gottsched-Parodie, »Der parodierte Cato«, seiner Nibelungen-Umarbeitung, »Die Rache der Schwester«, seiner Homer-Übersetzung (»Odyssee«, 5. Gesang) und Schriften Gottscheds und der Gottschedin zu dem Band »Johann Christoph Gottsched und die Schweizer Johann Jakob Bodmer und Johann Jakob Breitinger«.

Bodmer – nicht hingegen Breitinger – traf ein ähnliches Schicksal wie seinen Gegenspieler Gottsched. Dem pedantischen Literaturpapst stellte die Literaturgeschichtsschreibung sehr oft den komischen Alten gegenüber, dessen Produktivität in der Tat beängstigende Formen annahm. Der Korrektur dieses verzerrten Bildes sollte die Anthologie dienen, die Fritz Ernst 1939 herausgab. Ohne den sinnlosen Versuch einer ‚Rettung‘ des ‚Dichters‘ Bodmer unternehmen zu wollen, ging es Ernst lediglich um Gerechtigkeit für den Mann, der sich durch eine „wahre Genialität zum Mitdenken und Mitbilden" (›Schriften‹, S. 11) auszeichnete. Neben Bodmers »Persönlichen Anekdoten« (1777/78) nahm Ernst u. a. den wichtigen Dante-Aufsatz »Von dem Werte des Dantischen dreifachen Gedichtes« (1749), die Vorrede zur »Sammlung von Minnesingern aus dem schwäbischen Zeitpunkte« (1758/59), das Vorwort zu »Chriemhilden Rache und die Klage« (1757) und einen historischen Aufsatz »Geschichte der Stadt Zürich für die Realschulen« (1757) auf.

Auf die Bedeutung der kritisch-ästhetischen Schriften der Schweizer hatte die Forschung seit dem Ende des 19. Jhs immer wieder hingewiesen. Doch erst die neuerliche Beschäftigung mit den Dichtungstheorien des 18. Jhs in den frühen Sechziger Jahren – Armand Nivelles Buch »Kunst- und Dichtungstheorien zwischen Aufklärung und Klassik« erschien 1960 das Kolloquium »Nachahmung und Illusion«, hrsg. von Hans Robert Jauss, 1963 – ließ den Wunsch nach einer Neuausgabe der wichtigsten theoretischen Schriften immer dringlicher werden. Die ›Deutschen Neudrucke, Reihe 18. Jahrhundert‹, hrsg. von Paul Böckmann und Friedrich Sengle in Zusammenarbeit mit der Deutschen Forschungsgemeinschaft, schlossen hier eine empfindliche Lücke.

Die ›Deutschen Neudrucke, Reihe 18. Jahrhundert‹ sollen in keiner Weise kritisch-historische Editionen ersetzen. Immerhin ermöglichte aber die photomechanische Verfahrensweise, zu der man sich bei der Herstellung der ›Neudrucke‹ entschloß, die zügige Publikation von fünf Faksimile-Drucken bedeutender Schriften Bodmers und Breitingers. Die Ausgaben der Bodmerschen Übersetzung von Miltons «Epischem Gedichte von dem verlohrnen Paradiese« (1742), Bodmers »Brief-Wechsel von der Natur des poetischen Geschmackes« (1736) und »Abhandlung von dem Wunderbaren in der Poesie« (1740) sowie Breitingers »Critischer Dichtkunst« (2 Bde., 1740) besorgte Wolfgang Bender 1965, 1966 und 1967. Manfred Windfuhr betreute die Ausgabe von Breitingers »Critischer Abhandlung von der Natur, den Absichten und dem Gebrauche der Gleichnisse« (1740). Der

Faksimile-Druck erschien 1967. Ergänzt werden die ›Neudrucke‹ jeweils durch Nachworte, die die Entstehung und den literarhistorisch-ästhetischen Standort der Werke beschreiben, sowie durch ausführliche Bibliographien.

Textausgaben
Kleinere Texte von Bodmer:
»Karl von Burgund. Ein Trauerspiel« (o.O. u. J. [1771]). Hrsg. von BERNHARD SEUFFERT.1883 (= DLD 18. Jh., 9).
»Vier kritische Gedichte«. Hrsg. von JAKOB BAECHTOLD. 1883 (= DLD 18. Jh., 12). – Darin: »Character der teutschen Gedichte«, S. 1–47 – »Beilage hiezu«, S. 48–61 – »Die Drollingerische Muse«, S. 63–74 – »Untergang der berühmten Namen«, S. 75–95 – »Bodmer nicht verkannt«, S. 97–110.
»Von den Grazien des Kleinen. In der Schweiz. MDCCLXIX.« Abdruck in: FRIEDRICH AUSFELD: Die deutsche anakreontische Dichtung. 1907 (= Quellen u. Forschungen, Bd. 101). Im Anhang, S. 153–162, Abdruck des Bodmerschen Textes.

Sonstige Texte:
a) von Bodmer und Breitinger:
›Die Discourse der Mahlern.‹ [1.–3. Teil] 1721–23. – Hrsg. von THEODOR VETTER. 1891 (= Bibl. ält. Schriftw., II. 2).
b) Breitinger und Heinrich Meister (zur Verfasserschaft vgl. S. 24):
»Chronick der Gesellschaft der Mahler. 1721–22.« – Hrsg. v. THEODOR VETTER. 1887 (= Bibl. ält. Schriftw., II. 1).

Anthologien:
a) Bodmer und Breitinger:
Johann Christoph Gottsched und die Schweizer J. J. Bodmer und J. J. Breitinger. Hrsg. von JOHANNES CRÜGER. 1884 (= DNL, Bd. 42). – Reprograf. Nachdr.: Darmstadt 1965.
b) Bodmer:
Johann Jacob Bodmer, Schriften. Ausgew. v. FRITZ ERNST. 1938 (= Schriften der Corona, 21).

Faksimile-Drucke:
a) Bodmer:
»Johann Miltons Episches Gedichte von dem Verlohrnen Paradiese«. Faks. dr. der Bodmerschen Übersetzung von 1742. Mit einem Nachw. von WOLFGANG BENDER. 1965 (= DN, 18. Jh.).
»Brief-Wechsel von der Natur des poetischen Geschmackes«. Faks. dr. nach der Ausgabe von 1736. Mit einem Nachw. von WOLFGANG BENDER. 1966 (= DN, 18. Jh.).
»Critische Abhandlung von dem Wunderbaren in der Poesie.« Faks. dr. nach der Ausg. von 1740. Mit einem Nachw. von WOLFGANG BENDER. 1967 (= DN, 18. Jh.).

b) Breitinger:
»Critische Dichtkunst.« Faks. dr. nach der Ausg. von 1740. 2 Bde.
   1966 (= DN, 18. Jh.).
»Critische Abhandlung von der Natur, den Absichten und dem Gebrauche der Gleichnisse.« Faks. dr. nach der Ausg. von 1740. Mit
   einem Nachw. von MANFRED WINDFUHR. 1967 (= DN, 18. Jh.).
Vgl. dazu ergänzend:
ENRICO STRAUB: Marginalien zu Neudrucken der Werke Bodmers
   und Breitingers. In: Arcadia 3 (1968), S. 307–314.

Nachdrucke:
Die folgenden Texte erschienen als bloße Nachdrucke ohne jeglichen
Kommentar oder bibliographische Hinweise.
BODMER: »›Critische Betrachtungen über die Poetischen Gemählde
   der Dichter‹« (1741). Frankfurt/M.: Athenäum 1971.
DERS.: ›Critische Briefe‹ (1746). Hildesheim: Olms 1969.
BODMER-BREITINGER: Die Discourse der Mahlern (1721–32). Ebda.
   1969.
DIES.: ›Der Mahler der Sitten‹ (1746). Ebda. In Vorbereitung.

3. Bibliographien und die Bodmer-Denkschrift

Die ersten Versuche, Bodmers Schriften bibliographisch zu
erfassen, wurde bereits zu seinen Lebzeiten unternommen. Ein
»Bibliographisches Verzeichnis Bodmerscher Werke« gehört
zum Bestand des Bodmer-Breitinger-Nachlasses der ZBZ (38
Bll., von Bodmer, Joh. Heinr. Füssli und Joh. Heinr. Schinz
abgefaßt. Sign.: MsB 38, 22). Für Breitinger läßt sich Ähnliches nicht nachweisen.

Zwei weitere Versuche fallen in das Todesjahr Bodmers,
1783. Johann Jacob Hottinger, der Biograph Bodmers und
Geßners, fügte seiner Schrift »Acroama de J. J. Bodmero« ein
chronologisches Verzeichnis von Bodmers Werken hinzu. Es
ist so unvollständig wie das in Heinrich Christian Boies ›Deut-
schem Museum‹ (1783). Beide wurden durch die Arbeiten von
Johann Georg Meusel (1802) und Karl Heinrich Jördens (1806)
überholt.

Erst die eingehende Beschäftigung Jakob Baechtolds mit
den Schweizern förderte Neues zutage. Von intimer Kenntnis
des Nachlasses zeugt die Bibliographie, die er seiner »Geschichte der deutschen Literatur in der Schweiz« (1892) an-
fügte. Baechtold verzeichnete *sämtliche gedruckte Schriften* Bodmers und Breitingers in chronologischer Reihenfolge, ohne
den Anteil des einen von dem des anderen zu trennen. Nach-

teilig wirken sich allerdings die gelehrten Exkurse aus, durch die die Titelfolge ständig unterbrochen wird. Es fehlen die theologischen Schriften Breitingers.

Maßgebend für die heutige Forschung dürfte indessen die Bibliographie Theodor Vetters in der Bodmer-Denkschrift sein (s. u.). Der Verfasser schloß sich, wie er eingangs bemerkt (Vorwort, S. VII) der Arbeit Baechtolds an, versäumte es jedoch nicht, die Titel erneut zu überprüfen. Die von Vetter vorgenommene Einteilung in gedruckte Schriften Bodmers und von ihm besorgte Ausgaben wirkt sich günstig auf die Lesbarkeit des Ganzen aus. Verglichen mit der von Vetter annähernd erreichten Vollständigkeit des Materials, lassen sich in der 3. Auflage des Goedeke (Bd. IV. 1, 1916) nicht nur keine Ergänzungen feststellen, sondern eher Lücken.

Eine kritische Sichtung der Arbeiten über Bodmer und Breitinger in Form eines Forschungsberichtes steht noch aus. Berücksichtigt werden müßte dabei selbstredend die Stellung der Schweizer innerhalb der europäischen Ästhetik und die Mittelalterrezeption des 18. Jhs. Zahlreiche Hinweise auf die weit verstreute wissenschaftliche Literatur bieten die Bücher von Max Wehrli (1936), Anthony Scenna (1937) und Fritz Winterling (1955). Körner (⁴1966) nennt die Literatur bis 1943, Kosch in seinem »Deutschen Literatur-Lexikon« (²1958) die bis 1962. Eppelsheimer (1957 ff.) führt die Literatur bis 1970 an. Verwiesen sei auch auf die seit 1960 erscheinenden Hefte der ›Germanistik‹. Was die »Internationale Bibliographie zur Geschichte der deutschen Literatur« (1969) bringt, kann man als gerecht getroffene Auswahl aus der Literatur zu Bodmer und Breitinger bis 1965 bezeichnen. Hilfreich für jede weitere Beschäftigung mit den dichtungstheoretischen Anschauungen der Schweizer dürften die Bibliographien sein, die Bender und Windfuhr den von ihnen besorgten ›Deutschen Neudrucken‹ beifügten.

Der Initiative eines privaten Zürcher Lesezirkels und der Stiftung Schnyder von Wartensee verdanken wir die erwähnte *Bodmer-Denkschrift* vom Jahre 1900. Äußerer Anlaß für das prächtig ausgestattete Buch war das Gedenken an Bodmers 200. Geburtstag am 19. Juli 1898. Ziel der Publikation war es, am Beispiel Bodmers die „geistige Bedeutung der Stadt Zürich im vorigen Jahrhundert [zu] zeigen" (Vorwort, S. V). In dieser Hinsicht bilden die einzelnen Beiträge eine vorzügliche Ergänzung zu den späteren Studien Herbert Schöfflers. Sowohl die Beiträge als auch die jeweiligen Anmerkungen bilden ein reichhaltiges Reservoir an Literaturangaben und literarischen Querverweisen. Das gilt besonders für die Abhandlungen, die Bodmers Verhältnis zur französischen, italienischen und englischen Literatur zum Gegenstand ihrer Darstellungen haben.

Literatur
Bibliographien zu Bodmer-Texten:
›Deutsches Museum‹. Hrsg. von HEINRICH CHRISTIAN BOIE. 1783, I, S. 268–276.
JOHANN JACOB HOTTINGER: Acroama de J. J. Bodmero. 1783 (Anhang, S. 83 ff.).
THEODOR VETTER: Bibliographie der Schriften J. J. Bodmers und der von ihm besorgten Ausgaben. In: Denkschrift, S. 387–403.

Bibliographien zu Bodmer- und Breitinger-Texten:
KARL HEINRICH JÖRDENS: Lexikon deutscher Dichter und Prosaisten. Bd. 1, 1806, S. 119–160 [Bodmer]; S. 209–214 [Breitinger]. – Jördens bringt auch reichhaltiges biographisches Material.
JOHANN GEORG MEUSEL: Lexikon der vom Jahr 1750–1800 verstorbenen teutschen Schriftsteller. Bd. 1, 1802, S. 418–456 [Bodmer]; S. 578–581 [Breitinger]. – Meusel verzeichnet auch die theologischen Schriften Breitingers.
JAKOB BAECHTOLD: Geschichte der deutschen Literatur in der Schweiz. 1892 (anastatischer Neudruck 1919), Anhang S. 170–195.
KARL GOEDEKE: Grundriß zur Geschichte der deutschen Dichtung. Bd. IV. 1 (1916), S. 5–12 [Bodmer]; S. 17 f. [Breitinger].

Forschungsliteratur:
JOSEF KÖRNER: Bibliographisches Handbuch des deutschen Schrifttums. ³1949 u. (unverändert) ⁴1966, S. 205 f.
HANNS W. EPPELSHEIMER: Bibliographie der deutschen Literaturwissenschaft. Bd. 1 ff., 1957 ff.
WILHELM KOSCH: Deutsches Literatur-Lexikon. Bd. 1, ³1968 (völlig neu bearb.), Sp. 647–655 [Bodmer]; Sp. 1017–1021 [Breitinger].

Ergänzendes in:
JOHANN JAKOB BODMER. Denkschrift zum CC. Geburtstag (19. Juli 1898). Veranlaßt vom Lesezirkel Hottingen und hrsg. von der Stiftung Schnyder von Wartensee. 1900.
Wir verweisen ferner auf die seit 1960 erscheinenden Hefte der »Germanistik« sowie auf die Literaturverzeichnisse bei WEHRLI, SCENNA, WINTERLING und in den ›Deutschen Neudrucken, Reihe 18. Jahrhundert‹, besorgt von BENDER und WINDFUHR.

4. Briefe

Wie wir eingangs erwähnten (vgl. S. 2), wurde der im Bodmer-Breitinger-Nachlaß der ZBZ befindliche *Briefwechsel* der beiden Schweizer nur zu einem ganz kleinen Teil veröffentlicht. Das gilt ebenfalls für in anderen Bibliotheken und Sammlungen aufbewahrte Briefmanuskripte. Nicht zuletzt liegt der Grund dafür im Falle Bodmers bei diesem selber: die Lektüre seiner ungedruckten Briefe und anderen Aufzeichnungen erweist sich immer wieder als ein mühseliges Geschäft. An Joh. Georg Sulzer schrieb er 1775: „Meine Briefe haben das principe der Vernichtung in sich selbst, weil sie so schwer zu entziffern sind. Sie sind schon lebendig tot."

Unveröffentlicht blieb deshalb der größte Teil der Korrespondenz Bodmers mit Pfarrer JOHANN HEINRICH SCHINZ (623 Briefe an Bodmer, 975 von Bodmer) und der Briefwechsel mit JOHANN GEORG SULZER in Berlin (4 Bde. Briefe an Bodmer, 275 von Bodmer). Unveröffentlicht blieb auch der gelehrte Briefwechsel Breitingers. Das ausschließlich ästhetisch-literarhistorische Interesse, das man den beiden Schweizern stets entgegenbrachte, wirkte im Falle Breitingers ganz sicher negativ: der vorwiegend theologische, historische oder politische Inhalt seiner Briefe ließ im Hinblick auf Ästhetisch-Literarhistorisches nur auf geringe Ausbeute hoffen.

Der erste Versuch, dem Publikum eine sehr begrenzte Briefauswahl anzubieten, stammt von Bodmer selber. In die »Litterarischen Pamphlete aus der Schweiz« (1781) nahm er dreiundzwanzig Briefe aus den Jahren 1723–1767 auf, die Johann Ulrich König, Samuel König, Pyra, Pottelwitz (d.i. Joh. Adolf Schlegel), Hagedorn, Rabener, Gärtner, Gleim und andere ihm nahestehende Autoren an ihn gerichtet hatten. Doch das Bemühen, dem eigenen, arg mitgenommenen Ruhm zu erneutem Ansehen zu verhelfen, berührt peinlich. Die aufgenommenen Briefe tönen samt und sonders von der Größe des Empfängers. – Noch ganz unter dem Eindruck, den der Tod des Freundes auf ihn machte, stand LEONHARD MEISTER, „öffentlicher Lehrer der Sittenlehre und der Geschichte an der Kunstschule zu Zürich", als er 1783 zweiundzwanzig Briefe Bodmers herausgab, die dieser ihm zwischen 1720 und 1781 geschrieben hatte.

Dem Andenken des großen Mannes sollte auch die Auswahl dienen, die Gotthold Friedrich Stäudlin 1794 veranstaltete. Neben den bereits erwähnten Korrespondenten kommen hier Rost, von Haller, Klopstock, Wieland, der Tübinger David Friedrich Hartmann und aus seiner unmittelbaren Umgebung der Pfarrer Johann Caspar Hess aus Altstetten (später Neftenbach) zu Wort. Welche Folgen Stäudlins Editionsprinzipien im einzelnen hatten – „Ich habe pünktlich Bodmers *Befehle* befolgt,

alles was er mit einem *Deleatur* bezeichnete, sorgfältig weg-
gestrichen, und das übrige ohne die mindeste Veränderung ab-
drucken lassen" –, läßt sich in vielen Fällen nur schwer, in einigen garnicht mehr ausmachen. Der Briefwechsel, mit wenigen
Ausnahmen chronologisch angelegt (einige Datierungen sind
fehlerhaft), reicht von 1744 bis 1773.

Wilhelm Körte, der Großneffe Gleims, ist der Herausgeber
einer 1804 erschienenen Sammlung, deren Vorbereitung noch
ins ausgehende 18. Jh. gefallen war. Er stand wie sein Vorgän-
ger Stäudlin noch ganz im Bannkreis der „kritischen Heroen"
einer soeben vorübergegangenen Epoche einer „Morgen-
röthe" der deutschen Literatur (Vorrede, S. VI), zu denen er
Joh. G. Sulzer, Gessner, Gleim, allen voran aber Bodmer
zählte. Von den 137 Briefen der Sammlung gehören 67 der
Bodmerschen Korrespondenz an (48 an ihn, 19 von ihm). Allzu genau darf man es auch hier mit der Vollständigkeit und
genauem Wortlaut nicht nehmen. Jedenfalls lassen die Auswahl-
prinzipien des Herausgebers nicht darauf schließen, wenn er
schreibt: „Was das von den Originalen Beybehaltene und Weg-
gelassene betrifft, so hab' ich mir *Mannigfaltigkeit in Form und
Inhalt* zum Hauptgesetz gemacht" (Vorrede, S. VIII). Nichts
wäre indessen unberechtigter, als Stäudlin und Körte ob ihrer
Verfahrensweise zu tadeln. Was uns als philologischer Fehltritt
vorkommen mag, gehörte zu den oft geübten Praktiken des
18. Jhs. Darüber hinaus sollte man nicht vergessen, daß dergleichen Sammlungen an die Adresse eines „geneigten Publikums" von Liebhabern und nicht an die eines Philologen-
kränzchens gerichtet waren.

Eine letzte umfangreiche Sammlung erschien 1875, und zwar
in Josephine Zehnder-Stadlins Buch über »Pestalozzi. Idee und
Macht der menschlichen Entwicklung«. Gedacht war die groß-
angelegte Publikation als Dokumentation, als Aufriß der gei-
stesgeschichtlichen Situation im Zürich der zweiten Hälfte des
18. Jhs. Dieser Zielsetzung entsprechend, haben hier Zeug-
nisse vaterländischer Gesinnung ihren Platz neben zeitge-
schichtlichen und kirchenhistorischen Dokumenten. Das literarische Leben der kleinen Republik, vor allem aber die Ver-
mittlerrolle, die ein Mann wie Bodmer spielte, wird deutlich in
seinem Briefwechsel mit Johann Georg Sulzer, Johann Heinrich Meister, Schinz und Hess, der mit 118 Stücken den ganzen
vierten Abschnitt des Bandes ausmacht. Den Ansprüchen, die
wir heute an eine Briefedition zu stellen gewohnt sind, kann

auch das Werk von Zehnder-Stadlin nicht genügen. Dennoch bleibt es ein wichtiges Kompendium.

Eine Vielzahl von Gelegenheitsarbeiten beschäftigt sich mit einzelnen Briefpartnern Bodmers und Breitingers. Es erübrigt sich, an dieser Stelle auf sie einzugehen.

Johannes Crüger kommt das Verdienst zu, die Briefe des Straßburger Gelehrten Johann Daniel Schöpflin in den ›Straßburger Studien‹ (1884) veröffentlicht zu haben. Die Originale der Schöpflinschen Briefe finden sich in der Handschriftenabteilung der ZBZ unter der Signatur MsB 4c, 4 u. 15. Crüger machte dadurch auf eine der bedeutendsten literarischen Transaktionen der Neuzeit aufmerksam: die Überbringung des Codex 7266 der Kgl. Bibliothek zu Paris (heute: Große Heidelberger Liederhandschrift) nach Zürich. – Neun Briefe des jungen Zürchers Johann Georg Schulthess an Bodmer, geschrieben in den Jahren 1749–1752, gab Jakob Baechtold 1894 heraus. Schulthess war es, der, gemeinsam mit Sulzer, im August 1750 Klopstock mit Bodmer zusammenführte.

Bodmers Briefwechsel mit Klopstock liegt in mehreren Ausgaben vor, von denen wir hier lediglich die von Johann Martin Lappenberg (1874) veranstaltete erwähnen. Zahlreiche Ergänzungen und Korrekturen zu dieser und anderen Ausgaben brachte Harold Thomas Betteridge 1962 an. Die Grundlage für eine erneute, intensive Beschäftigung mit Fragen deutsch-italienischer literarischer Beziehungen schuf Rinaldo Boldini mit seiner Ausgabe der Briefe des Grafen Pietro Calepio an Bodmer (1964). Die Edition der Briefe Hagedorns an Bodmer verdanken wir Karl S. Guthke (1966).

Alle weiteren Brief-Editionen finden sich in der folgenden Übersicht.

Veröffentlichungen in größeren Sammlungen:

[JOHANN JAKOB BODMER (Hrsgb.):] Litterarische Pamphlete aus der Schweiz. Nebst Briefen an Bodmern. 1781.

LEONHARD MEISTER [Verf. u. Hrsg.]: Über Bodmern. Nebst Fragmenten aus seinen Briefen. 1783.

GEORG FRIEDRICH STÄUDLIN [Hrsgb.]: Briefe berühmter und edler Deutschen an Bodmer. 1794.

WILHELM KÖRTE [Hrsgb.]: Briefe der Schweizer Bodmer, Sulzer, Geßner. Aus Gleims literarischem Nachlasse. 1804.

JOSEPHINE ZEHNDER-STADLIN [Verf. u. Hrsgb.]: Pestalozzi. Idee und Macht der menschlichen Entwicklung. 1875. S. 318–573.

EDUARD BODEMANN [Verf. u. Hrsgb.]: Johann Georg Zimmermann. Sein Leben und bisher ungedruckte Briefe an denselben von Bodmer, Breitinger. 1878.

Briefe Bodmers an Friedrich von Hagedorn befinden sich im Bd. 5 der 1825 von J. J. Eschenburg edierten Ausgabe von Hagedorns poetischen Werken.

Wielands Briefe an Bodmer befinden sich in: Wielands Briefwechsel. Hrsg. v. H. W. Seiffert. Bd. 1 (1. Juni 1750-2. Juni 1760). Berlin 1963.

Veröffentlichungen in sonstiger wissenschaftlicher Literatur:

Hofrath VON MORGENSTERN: Briefe deutscher Dichter und Gelehrten aus den Jahren 1740 bis 1771. In: Morgenbl. für gebildete Stände. Nr. 185 (3.8.1810), S. 737f. – Bodmer an J. E. Schlegel, 2.9.1747.

Aus Briefen Bodmers an LAURENZ ZELLWEGER in Trogen. In: Morgenbl. für gebildete Stände. Nr. 275 (17.11.1814), S. 1097–99; Nr. 276 (18.11.1814), S. 1100–1102.

Eine Reliquie von Johann Jakob Bodmer. Brief an JOHANN MICHAEL VON LÖEN vom 12. Januar 1729. In: Blätter für literar. Unterhaltung. Jg. 1856 (Bd. 1, Jan.–Juni), S. 32–35.

JAKOB BAECHTOLD: Von und über Bodmer. In: Archiv f. Litteraturgesch. 6 (1877), S. 86–91. – Bodmer an Samuel Henzi, 18.12.1749; Brief vom 9.1.1783 über Bodmers Tod (mutmaßl. Schreiber: Joh. Caspar Hirzel, mutmaßl. Empfänger: H. Chr. Boie).

ALOIS BRANDL: Barthold Heinrich Brockes. Nebst darauf bezüglichen Briefen von Johann Ulrich König an Bodmer. Ein Beitrag zur deutschen Literatur im 18. Jahrhundert. 1878. – Vier Briefe aus den Jahren 1725–1727 über die Pläne zur Gründung einer Boberfeldischen Gesellschaft.

JOHANN ULRICH KÖNIG an Bodmer. Brief vom 30. April 1725. In: Anglia, Zs. f. engl. Philologie 1 (1878), S. 460–463. – Zu Bodmers Übersetzung von Miltons »Paradise Lost«.

JOHANNES CRÜGER: Bodmer über Goethe, 1773–1782. In: Goethe-Jahrbuch 5 (1884), S. 177–216.

DERS.: Briefe von Schöpflin und anderen Straßburger Gelehrten an Bodmer und Breitinger. In: Straßburger Studien, Zs. f. Geschichte, Sprache u. Literatur des Elsasses 2 (1884), S. 440–498.

EUGEN WOLFF [Hrsgb.]: Johann Christoph Gottsched und Johann Jakob Bodmer: Briefwechsel. In: Zs. f. d. dt. Unterricht 11 (1887), S. 353–381.

LUDWIG HIRZEL: Wieland und Martin und Regula Künzli. Ungedruckte und wiedergefundene Aktenstücke. 1891. – Zahlreiche in Text und Fußnoten eingefügte Zitate aus dem Briefwechsel Bodmers mit Künzli, Waser und anderen; vgl. die Rezension Bernhard Seuffert in: GGA 1896, S. 470–507.

JAKOB BAECHTOLD: Briefe von Johann Georg Schulthess an Bodmer. In: Zürcher Tb auf das Jahr 1894. NF 17, S. 1–46.

Briefwechsel zwischen Albrecht von Haller und Eberhard Friedrich von Gemmingen. Nebst dem Briefwechsel zwischen Gemmingen und Bodmer. Aus Ludwig Hirzels Nachlaß. Hrsg. von HERMANN FISCHER. 1899 (= BLVS, CCXIX).

PAUL USTERI: Heinrich Meister und J. J. Bodmer. Zwei bisher nicht im Druck erschienene Briefe. 1764 und 1766. In: ZTb auf das Jahr 1909. NF 32, S. 238–250.

WILLIAM KURRELMEYER: Bodmer und Klopstock an den jungen Wieland. In: MLN 58 (1943), S. 283–288.

HAROLD THOMAS BETTERIDGE: Klopstock's Correspondence with Bodmer and Breitinger. In: MLR 57 (1962), S. 357–372.

Pietro dei Conti di Calepio: Lettere a J. J. Bodmer. A cura di RINALDO BOLDINI. 1964 (= Scelta di curiosità letterarie inedite o rare dal secolo XII al XIX, 263). – Vgl. dazu die Rez. von Enrico Straub: Zur Veröffentlichung des Briefwechsels zwischen Bodmer und Calepio. In: GRM, NF 16 (1966), S. 314–319.

KARL SIEGFRIED GUTHKE: Friedrich von Hagedorn und das literarische Leben seiner Zeit im Lichte unveröffentlichter Briefe an Johann Jakob Bodmer. In: JFDH 1966, S. 1–108.

WALTHER GOSE: Ein theologischer Brief Breitingers. In: JDSG 13 (1969), S. 1–12.

II. Biographie und Persönlichkeit

1. Johann Jakob Bodmer

„Von der Freyheit des Menschen und Burgers [sic] zu reden, sie zu befördern, ihre verlohrnen Rechte zu unterstützen, war sein Lieblings-Discours. Für die Demokratie hatte er eine vorzügliche Hochachtung." Das steht in einem Nekrolog, den Johann Rudolf Schinz wenige Tage nach Bodmers Tod am 2. Januar 1783 verfaßte. An anderer Stelle dieses Nachrufs hebt Schinz des Verewigten „Freyheit im Denken" (S. 2) und Bemühungen um „Aufklärung der Denkensart" (S. 4) hervor. Die Maxime der Gedankenfreiheit beherrschte das Wirken des Mannes, dem man in der Forschung lediglich einen Platz als Künder neuer ästhetischer Einsichten, allenfalls als Entdecker mittelalterlicher Handschriften einräumt. Aber schon ein Blick auf seinen Lebensgang macht deutlich, wie sehr dadurch das Blickfeld verengt wird.

Geboren wurde Johann Jakob Bodmer am 19. Juli 1698 in *Greifensee*/Kanton Zürich. Von vornherein schien es nur eine Laufbahn für den Heranwachsenden zu geben: sein Vater, Hans Jakob Bodmer, Zürcher Bürger und verheiratet mit Esther Orell, war Pfarrer in Greifensee und empfahl seinem Sohn das Studium der Theologie. Nach dürftigen Anfängen in einer Lateinschule bezog der Jüngling das Collegium Carolinum, die zürcherische Gelehrtenschule. Schon bald stellte sich die Enttäuschung ein. Das Carolinum, geführt von Chorherren, war weit davon entfernt, Bodmers philologisch-historischem Interesse entgegenzukommen. Im Mittelpunkt stand die theologische Ausbildung im Sinne einer noch ungebrochenen Orthodoxie. Den privaten Lektürekanon des jungen Schülers bestimmten hingegen die Schriften John Lockes in französischer Übersetzung, Pierre Bayles »Dictionnaire«, eine von Isaak Vossius kommentierte Ausgabe des Catull, die Schriften Ciceros und Horaz'. Was er an deutscher Literatur kennenlernte, waren zunächst die „verworfenen Skarteken" seines Vaters, die er in seinen »Persönlichen Anekdoten« im einzelnen nennt: Barclays »Argenis« in der Bearbeitung von Bohse (Talander),

Calprenèdes »Cleopatra«, Zesens »Assenat« und Anton Ulrichs »Syrerin Aramena«. Folgenreich in jeder Hinsicht war die Bekanntschaft mit dem Werk MARTIN OPITZ', den er bezeichnenderweise neben Horaz stellte.

Die einseitig theologische Ausbildung der Anstalt hat keine nennenswerten Spuren im Leben Bodmers hinterlassen. Bedeutsam wurde hingegen die freundschaftliche Begegnung mit anderen Seminaristen. Johann Caspar Hagenbuch, der klassische Philologe, die Brüder Johannes und Johann Heinrich Meister – letzterer später Prediger in Bayreuth, Hofprediger in Bückeburg, dann Pfarrer und Kämmerer in Küßnacht –, vor allem Breitinger gehörten auch in den späteren Jahren zum engeren Kreis um Bodmer.

Im Frühjahr 1718 kehrte Bodmer dem Carolinum den Rükken, um zunächst nach Lyon, dann nach Lugano zu reisen. In Lugano betrieb die Familie Orell eine Seidenspinnerei. Die Ernte Bodmers an merkantilen Erfahrungen war mager. Statt dieser brachte er englische Literatur in französischer Übersetzung und neulateinische Schriften mit heim. Er erwähnt Addisons ›Spectator‹, Vida und Tassos »Gerusalemme liberata«.

Die wenigen Daten von Bodmers äußerer Biographie lassen sich schnell aufzählen: Nach der Rückkehr aus Lugano, wahrscheinlich in der zweiten Jahreshälfte 1719, trat er als Freiwilliger in die Zürcher Staatskanzlei ein. Ohne an einen festen Auftrag gebunden zu sein, suchte er hier nach Urkunden zur Geschichte Zürichs. 1727 heiratete er Esther Orell, die Tochter des Felix Orell zum Spiegel. Vier Kinder starben im zartesten Alter. Im Jahre 1725 wurde er zunächst als Verweser, 1731 als gewählter Professor auf den Lehrstuhl für Helvetische Geschichte an das Collegium Carolinum berufen. Er verwaltete das ihm übertragene Amt mit großer Gewissenhaftigkeit bis 1775. Zu seinem Nachfolger wurde von den Vertretern des Kleinen Rates (dieser bildete die Regierung im engeren Sinne) sein Schüler HEINRICH FÜSSLI ernannt.

Der Kreis von Bodmers Hörern am Carolinum war klein. Nicht zuletzt mag das an der für damalige Zeiten außergewöhnlichen Lehrmethode gelegen haben. „Er lehrte niemal im Professorton, er führte nur Gespräche", weiß Schinz zu berichten (S. 6), und er schreibt weiter: „Er sahe manche moralische oder politische Wahrheit nicht nur tiefer ein, als vor ihm und nach ihm die meisten, nicht nur entdeckte und bewies er sie, sondern er wußte sie auch in Gang zu bringen, und seinen Jüngern einzugiessen" (S. 9).

Schon 1747 war Bodmer Mitglied des Großen Rates geworden. Wir wissen, daß seine wenigen Versuche, politisch wirksam zu werden, in den Anfängen steckenblieben. Ähnlich erging es ihm bei dem Versuch, eine Buchdruckerei zu gründen. Erst 1734, nach mancherlei Querelen mit der alten Offizin Heideggers, gelang ihm zusammen mit seinem Neffen KONRAD ORELL und dem Landschreiber KONRAD VON WYSS die Gründung der Verlagsbuchhandlung Orell & Compagnie.

Politisch-moralische und religiös-moralisierende Wirkung auf ein breiteres Publikum erwartete Bodmer von jedem, der in irgendeiner Weise im weiten Felde der Künste oder der Weltweisheit Anerkennung suchte. Darin war er sich einig mit seinen Zürcher Freunden. Selbst bei der Beurteilung seiner ästhetischen Schriften sollte man diesen Aspekt nicht ganz außer acht lassen. Politisch-moralischen Einfluß versprach er sich von den periodischen Schriften, die er im Verein mit Freunden ins Leben rief. Im Frühjahr 1720 konstituierte sich die *Gesellschaft der Mahler*; von 1721 bis 1723 erschienen die 94 Nummern der ›Discourse der Mahlern‹, von 1735 bis 1741 erschienen die Beiträge der von Bodmer und Breitinger herausgegebenen ›Helvetischen Bibliothek‹. Vom Beispiel der Altvorderen erhoffte man sich eine Stärkung des republikanischen Bewußtseins, und das im Europa des Absolutismus. Ähnliches gilt für die ›Sammlung Critischer, Poetischer und andrer geistvollen Schriften‹ (1741–1744).

Bodmers poetische Aktivität blieb bis heute ein Gegenstand des Spottes. Das gilt für seine religiöse Epik ebenso wie für seine politisch-religiösen Dramen. Aber auch hier sollte man nicht vergessen, daß Bodmer selber seine Dramen eher als republikanische Programmschriften denn als bühnenwirksame Schauspiele verstanden wissen wollte.

Nicht nur die moralische Wirkung jeder Dichtung auf den Leser war eine unabdingbare Prämisse für Bodmer, sondern er wünschte sich auch den Dichter als moralisch integeres Mitglied der Gesellschaft, auf die er ja wirken sollte. Freilich unterschied er sich darin sehr erheblich von den Vertretern der jüngeren Dichtergeneration. Wie anders hätte es sonst zu den Verstimmungen kommen können, die sich nach der denkwürdigen Begegnung mit KLOPSTOCK im Juli 1750 und WIELAND im Oktober 1752 ergaben? Harold Thomas Betteridge (vgl. S. 12) hat die seit Munckers Darstellung über Klopstock (1888) geltende Ansicht über das Verhältnis Klopstocks zu Bodmer gründlich revidiert, indem er den von Muncker offensichtlich übergangenen Stellen des Briefwechsels beider Männer seine Aufmerksamkeit schenkte. Dabei erscheint der „seraphische Jüngling" allerdings in einem merkwürdigen Licht. Schon wenige Monate nach der Begegnung kam es zum Zerwürfnis. – Wieland war zwar einerseits um ein freundschaftliches Verhältnis zu seinem Mäzen bemüht, andererseits aber auch besorgt um die eigene dichterische Entwicklung. Er verließ Bodmers Haus im Juni 1754.

Die Reisen nach Genf, Lyon und Lugano (von dort aus gelegentlich nach Mailand) standen am Anfang von Bodmers literarisch-kritischer Laufbahn. Sehen wir ab von den sommerlichen Fahrten zu seinem Vertrauten im Appenzeller Land, Dr. Laurenz Zellweger (im Freundeskreis „Philokles" genannt), so hat er seit seiner Rückkehr aus Italien (1719) Zürich nicht mehr verlassen. Lebhaft blieb der literarische Verkehr im Hause Bodmers. Goethe, Heinse, Lavater und Tischbein waren, neben den ständigen Gästen des Zürcher Kreises, nur die bedeutendsten der zahlreichen Besucher. Am 2. Januar 1783 starb der „muntere Greis", wie Goethe ihn genannt hatte.

2. Johann Jakob Breitinger

Das Leben BREITINGERS verlief wie das seines engsten Freundes in ruhigen Bahnen. Etwas spärlicher fließen hier die Quellen, es fehlen die zahlreichen zeitgenössischen Urteile über seine Persönlichkeit, und wir sind im Grunde angewiesen auf eine späte Charakteristik von 1817 in den ›Neujahrsblättern der Chorherrenstube‹, als deren Verfasser Leonhard Brennwald gilt. Ergänzendes findet sich in Lavaters »Lobrede« von 1771 und in einem anonymen Nachruf in den ›Monatlichen Nachrichten‹ von 1777. Die einzige bisher vorliegende Monographie stammt von Hermann Bodmer (1897). Sie ist in vielen Teilen überholt und ergänzungsbedürftig.

Nicht gesichert ist Breitingers Geburtsdatum. Genannt werden der 1. und der 15. März 1701. Geboren wurde er in Zürich als Sohn des Zuckerbäckers, zeitweiligen Geheimsekretärs beim Herzog von Württemberg und späteren Majors der Zürcher Bürger-Miliz Franz Kaspar Breitinger und seiner Ehefrau Verena, geb. Schobinger. Nach der Grundausbildung am Collegium Humanitatis (1713–15) wurde Breitinger Schüler des Collegium Carolinum. Auch er gehörte zum Freundeskreis um Bodmer, die beiden Meister und Hagenbuch. Mit einiger Mißbilligung nahmen die Schuloberen zur Kenntnis, daß sowohl Breitinger als Hagenbuch ihr Interesse eher auf die „studia critica" als auf die „studia realiora" richteten. – Die Ordination für das geistliche Lehramt erfolgte im Juli 1720. 1735 heiratete er ESTHER SCHINZ. Zwei Töchter gingen aus dieser Ehe hervor.

In die Zeit um 1720 fielen die Vorbereitungen für die Herausgabe der ›Discourse der Mahlern‹, das gemeinsame literarische Unternehmen Bodmers und Breitingers. Eine Zeitlang erteilte er privaten Unterricht im Hause des Bürgermeisters Hans Kaspar Escher. Eine kommentierte Persius-Ausgabe (1723) war das Ergebnis früher klassischer Studien. Zwei weitere Ausgaben folgten: 1730–32 erschien eine vierteilige Ausgabe der »Septuaginta«; 1745 die von Bodmer und ihm besorgte Edition »Martin Opitzens von Boberfeld Gedichte«, der erste Versuch einer wissenschaftlichen Dokumentation eines neuhochdeutschen literarischen Textes.

Was auf dem Felde der Dichtungstheorie in einigen ›Discoursen‹ 1721–23 begonnen wurde, fand seine Fortsetzung in den großen kritischen Schriften der Jahre 1740–41. Bodmers Schrift über die »Poetischen Gemählde« (Vorwort von Breitinger), Breitingers »Critische Dichtkunst« (Vorwort von Bodmer) sowie seine Abhandlung »Von der Natur, den Absichten und dem Gebrauche der Gleichnisse« (Vorwort von Bodmer) sind Ergebnisse gemeinsamer Überlegungen beider Freunde. Das beweist der in der ZBZ aufbewahrte Briefwechsel. 1744 erschien Breitingers »Vertheidigung der Schweizerischen Muse des Herrn D. Albrecht Haller«.

Sein erstes akademisches Lehramt wurde Breitinger 1731 übertragen. Beide Kollegien, das Collegium Humanitatis und das Collegium Carolinum, beriefen ihn als Professor der hebräischen Sprache. Die Fächer Logik (Vernunftlehre) und Rhetorik vertrat er seit 1740. Fünf Jahre später wählte ihn das Carolinum zum Professor für griechische Literatur und übertrug ihm gleichzeitig das Kanonikat des Stiftskapitels zum Großmünster.

Ganz wie bei Bodmer heben auch bei Breitinger die Biographen dessen *Lehrtätigkeit* hervor. Die Erziehung zu vaterländischer Gesinnung und zu republikanischem Bewußtsein trat bei ihm in den Hintergrund. Am Herzen lag ihm die Überwindung einer kaum noch lebensfähigen Orthodoxie, eine Säuberung „von den müßigen und fruchtlosen Auswüchsen der Schultheologie" (›Monatliche Nachrichten‹, S. 120). Aber ungeachtet der völlig verschiedenen Lehrinhalte, scheint sich auch seine Lehrmethode von der Bodmers unterschieden zu haben. Brennwald schreibt: „Auf dem Lehrstuhle docierte er immer in Lateinischer Sprache, und verband Fruchtbarkeit der Gedanken mit logischer Ordnung und Deutlichkeit" (S. 7). In lateinischer Sprache sind auch die meisten seiner theologischen und philosophischen Publikationen abgefaßt; vorwiegend auf Lateinisch korrespondierte er mit Fachkollegen in Basel (Beck, I.R.Iselin),

Bern (Altmann), Dijon (Bouhier), Genf (Vernet), Leipzig (Ernesti)
oder Rom (Kardinal Quirini).

Breitingers Teilnahme an der *Helvetischen Gesellschaft* und seine
Mitherausgebertätigkeit bei der ›Helvetischen Bibliothek‹ wurden
bereits erwähnt (vgl. S. 16). Wenig bekannt sind seine archäologischen Interessen. Archäologischen Funden widmete er seine Aufmerksamkeit ebenso wie der Restauration denkwürdiger Bauten.
Seine Bemühungen um den Fortbestand des Großmünsters – 1763
sollte es durch einen Neubau ersetzt werden - sind erst am Ende des
19. Jhs gewürdigt worden.

Ein isoliertes Gelehrtenleben, abseits von allen gesellschaftlichen Bewegungen, war Breitinger ebenso unbekannt wie Bodmer oder anderen Zeitgenossen. Wie sehr er sich für eine Verbesserung des schulischen Unterrichts, für eine Revision der
gängigen Lehrbücher und für eine zeitgerechte Ausbildung
der Schulmänner einsetzte, wird von Brennwald besonders her-
vorgehoben. Nur im Zusammenhang mit solchen Bestrebun-
gen ist die von ihm angeregte Gründung der *Asketischen Gesellschaft* von 1768 zu verstehen. Gebildet wurde dieser Kreis
aus Exspektanten (Anwärter auf Pfarrerstellen) und jüngeren
Pfarrern. Über rein seelsorgerische Ziele hinaus – der religiöse
Unterricht an den Schulen oder die Gefängnisseelsorge waren
Hauptpunkte – scheute man sich nicht vor der Diskussion
dogmatischer Fragen. JOHANN JAKOB HESS, der Antistes (d.i.
der erste Pfarrer am Großmünster) und spätere Nachfolger
Breitingers in der Asketischen Gesellschaft, hob die kluge Mit-
hilfe seines Vorgängers auf allen Gebieten pastoraler Tätigkeit
lobend hervor in seiner »Vorlesung vor der ascetischen Gesellschaft, dem Andenken ihres Vaters und Vorstehers gewidmet«
(1777). Erwähnt wird in den Nachrichten Breitingers Tätigkeit
als Kirchen- und Schulrat und als Stiftsbibliothekar. Das waren
Aufgaben, die den Rückzug in die Idylle eines bloßen Gelehr-
tenlebens gar nicht zuließen. Der Einfluß, den er auf eine junge
Zürcher Theologenschaft ausübte, ist nicht hoch genug einzu-
schätzen. JOHANN JAKOB STEINBRÜCHEL (1729–1796), der klassische Philologe – seine Sammlung »Das tragische Theater der
Griechen« erschien 1763 –, den Lessing im 31. Literaturbrief
mit Lob bedachte, war Breitingers bedeutendster Schüler. Er
wurde sein Nachfolger am Collegium Carolinum, als der Kano-
nikus am 14. Dezember 1776 starb.

Literatur
Über Bodmer:
DAVID HERLIBERGER: Johann Jakob Bodmer, öffentlicher Lehrer

19

der vaterländischen Geschichte und Staatskunst, Mitglied des großen Rathes der Republik Zürich. In: Fortsetzung des schweitzerischen Ehrentempels. Oder Helvetische Galerie der Bildnisse ver-
dienstvoller Schweitzer. 1774. – 16 SS. u. 1 Taf. mit Portrait.

JOHANN RUDOLF SCHINZ: Was Bodmer seinem Zürich gewesen. Für
Ungelehrte von einem Ungelehrten. 1783. – Gleichzeitig in: Der
Zürcherische Sammler Monatlicher Schweizerischer Neuigkeiten.
1783. In Zürich gesammelt. Beilage zum Heft Jänner 1783.

CHRISTIAN GOLLTLIEB JÖCHER: Fortsetzung Bd. 1 (1784), Sp. 1953
bis 1956.

JOHANN HEINRICH FÜSSLI: Bodmer. In: Schweizerisches Museum
1783/84. I, S. 1–37; 97–148; 193–222. II, S. 289–328; 481–523. III,
S. 673–724. IV, S. 865–915.

SALOMON HIRZEL: Johann Jakob Bodmer. In: Neujahrsblatt der
Stadtbibliothek Zürich. 1784. 8 SS.

KARL HEINRICH JÖRDENS: Lexikon deutscher Dichter und Prosaisten. Bd. 1 (1806), S. 119–160. [Biographisches und Bibliographisches.]

KARL AUGUST FÖRSTER: Bodmer. In: ERSCH-GRUBER: Allgem. En-
zyklopädie d. Wiss. u. Künste XI (1823), S. 151–157.

JOHANN KASPAR MÖRIKOFER: Klopstock in Zürich im Jahre 1750
bis 1751. ²1864.

DERS.: Johann Jakob Bodmer. In: ADB, Bd. 3 (1876), S. 19–23.

JAKOB BAECHTOLD: Bodmers Tagebuch (1752–1782). In: Turicen-
sia, Beitr. zur Zürcher Geschichte 1891, S. 190–216.

THEODOR VETTER: Bodmers Persönliche Anekdoten. In: Zürcher
Tb. auf das Jahr 1892. NF 15 (1892), S. 91–131.

HEINRICH WASER: Zu J.J.Bodmers 200. Geburtstage. In: Die
Schweiz 1898/99, H. 9–12.

HANS BODMER und HERMANN BODMER: Johann Jakob Bodmer,
sein Leben und seine Werke. In: Denkschrift, S. 1–48.

PAUL USTERI: Heinrich Meister und Johann Jakob Bodmer. In:
Zürcher Tb. auf das Jahr 1902. NF 32 (1902), S. 238–250.

FRITZ BUDDE: Wieland und Bodmer. 1910 (= Palaestra, 89).

Über J.J.Bodmer in: HBLS, Bd. 2 (1924), S. 278.

ANTON LARGIARDER: Die Ahnentafel Johann Jakob Bodmers. Ein
Beitrag z. Zürcherischen Personengeschichte. In: Schweizer Archiv für Heraldik, 42 (1928), S. 145–159.

ROSA SCHUDEL-BENZ: Laurenz Zellweger und Johann Jakob Bodmer. In: Zs. f. Schweizerische Gesch. 10 (1930), S. 1–21.

MAX WEHRLI: Johann Jakob Bodmer. In: Große Schweizer. Hrsg.
von Martin Hürlimann. 1938, S. 295–301.

DERS.: Johann Jakob Bodmer aus Zürich, 1698–1783. In: Große
Schweizer Forscher. Hrsg. von E.Fueter, 1939. S. 108f.

FRITZ STUCKI: Geschichte der Familie Bodmer von Zürich, 1543 bis
1943. Hrsg. vom Bodmer-Familien-Fond zur Feier des 400. Jahres-
tages der Einbürgerung der Familie in Zürich. 1942.

FRITZ ERNST: Johann Jakob Bodmer. In: NDB, Bd. 2 (1955), S. 362f.

Über Breitinger:

JOHANN KASPAR LAVATER: Historische Lobrede auf Johann Jakob Breitinger. 1771.

JOHANN JAKOB HESS: Vorlesung vor der ascetischen Gesellschaft zum Andenken ihres Vaters und Vorstehers, Chorherrn Breitingers. 1777.

Lebensgeschichte Tit. Herrn Johann Jakob Breitingers, öffentlichen Lehrers der Griechischen Sprache und Canonicus des Stifts zum Großen Münster. In: Monatliche Nachrichten einicher Merkwürdigkeiten, in Zürich gesammelt...vom Jahre MDCCLXXVI. 1777. S. 116–121.

KARL HEINRICH JÖRDENS: Lexikon deutscher Dichter und Prosaisten. Bd. 1 (1806), S. 209–214. [Biographisches und Bibliographisches.]

LEONHARD BRENNWALD: Johann Jakob Breitinger, Professor der griechischen Literatur und Canonicus in Zürich. In: Neujahrsblatt von der Gesellschaft auf der Chorherren. 39. Stück, 1817. 11 SS.

JOHANN KASPAR MÖRIKOFER: Johann Jakob Breitinger. In: ADB, Bd. 3 (1876), S. 295.

HERMANN BODMER: Johann Jakob Breitinger 1701–1776. Sein Leben und seine literarische Bedeutung. Erster Teil. Diss. Zürich 1887.

Über J. J. Breitinger in: HBLS, Bd. 2 (1924), S. 347.

MAX WEHRLI: Johann Jakob Breitinger aus Zürich, 1701–1776. In: Große Schweizer Forscher. Hrsg. von E. Fueter, 1939. S. 113 f.

FRITZ ERNST: Johann Jakob Breitinger. In: NDB, Bd. 2 (1955), S. 578.

III. Das Werk

Das Werk Bodmers und Breitingers erscheint dem ersten Blick als ein Bündel von disparaten Elementen. Kritisch-Ästhetisches steht neben Historischem. Überlegungen zur Textedition und zu Problemen der Übersetzung haben ihren Platz neben Gesellschaftskritischem. Bodmers eigene Dramen- und Epenproduktion sowie Breitingers Theologie wurden von der Forschung kaum zur Kenntnis genommen. Dabei kann dem zweiten Blick der größere Zusammenhang nicht verborgen bleiben. So wird man den Übersetzungen (Milton, Homer) schwerlich gerecht, wenn man ihren Stellenwert innerhalb der ästhetischen Erörterungen nicht erkennt. Die Arbeit an der Opitz-Ausgabe bleibt eine einmalige Episode, wenn man unberücksichtigt läßt, daß die beiden Schweizer in ihm ihr eigenes Stilideal verwirklicht fanden. Wie sehr die mittelalterlichen poetischen Denkmäler ihren ästhetischen Wünschen und ihrer patriotischen Gesinnung entgegenkamen, zeigt die Art, wie sie von ihnen rezipiert wurden.

1. Die Gesellschaftsschriften

a. Gesellschaftliche Voraussetzungen:

Literarische Gesellschaften, deren Mitglieder sich für die Anerkennung bestimmter Stiltendenzen einsetzten, hat es schon immer gegeben. Die italienischen Akademien des 16. und 17. Jhs und die deutschen Sprachgesellschaften des 17. Jhs waren nur Varianten eines immer wieder auftauchenden Phänomens. Was sich nun, in der ersten Hälfte des 18. Jhs, an Zirkeln und Genossenschaften konstituierte, knüpfte zwar an die Gepflogenheiten des 16. und 17. Jhs an, ging aber gleichzeitig andere Wege.

Sprachlich-literarische Interessen wurden weiterhin gepflegt. Beispielhaft war in dieser Hinsicht die 1677 von Mencke gegründete, seit 1726 von Gottsched geführte ‚Deutsche Gesellschaft‘ in Leipzig. Zugleich richtete man aber nun die Aufmerksamkeit auf Themen und Fragen, an denen eine sehr viel breitere Schicht von Bürgern Anteil nehmen konnte. Ein Blick in die Inhaltsverzeichnisse solcher Wochenschriften, die man gemeinhin „moralisch" nennt, zeigt, daß nunmehr Probleme des bürgerlichen Alltags, des politischen oder religiösen Lebens neben sprachlich-literarischen Fragen erörtert wurden. Der jeweiligen gesellschaftlichen Vereinigung stand dann in vielen Fällen ein entsprechendes Publikationsorgan zur Seite. Von ungefähr kam also die Gründung der *Gesellschaft der Mahler* durch Bodmer und Breitinger nicht. Gerade der Raum der Eidgenossenschaft erwies sich als fruchtbarer Nährboden für den Zusammenschluß freier Vereinigungen. Eine in sich erstarrte Staatsmaschinerie begünstigte geradezu die Entfaltung privater Initiativen. Bekannt sind die Cercles, die sich in der ersten Jahrhunderthälfte in Genf bildeten, Gesellschaften, die sich zu politischen und moralischen Plaudereien trafen. In der zweiten Hälfte des 18. Jhs mehrten sich dann die Neugründungen von Sozietäten, die sich abwechselnd „patriotisch", „moralisch" oder auch „ökonomisch" nannten. Erwähnt seien hier nur die von I. Iselin gegründete ‚Gesellschaft zur Beförderung des Guten und Gemeinnützigen' (seit 1777) in Basel und die von Bodmer 1762 ins Leben gerufene *Historisch-politische Gesellschaft* (vgl. S. 32).

Robert Faesi hat schon 1918 auf eine bis dahin unbekannte literarische Gesellschaft aufmerksam gemacht, die er „Die Dienstags-Companie" nannte. Bodmer hat an dieser regen Anteil genommen. Ein umfangreiches handgeschriebenes Protokoll (es wurde ihm von dem 1917 verstorbenen Oberst Ulrich Meister geschenkt; in der ZBZ ist es nicht vorhanden) ermöglichte es Faesi, den Gepflogenheiten der Gesellschaft bis ins Einzelne nachzugehen. Zu den siebzehn Gründungsmitgliedern gehörten u. a. Salomon Gessner, Johann Caspar Hirzel, der spätere Stadtarzt von Zürich, und Johann Georg Schulthess. Auffallend ist die Heimlichkeit, mit der sie ihre Treffen vereinbarten: man traf sich ab 1753 in einem Landhaus im „Selnau an der Sihl", im Winter auch in den Wohnungen einzelner Mitglieder. Man tauschte sogar, wie es im Protokoll heißt, „unter dem Siegel der Verschwiegenheit" sogenannte „Circulare" aus (Faesi, S. 154). Faesi sieht darin mit gutem Grund weniger einen witzigen Einfall als vielmehr eine Möglichkeit der Tarnung: „Bei dem Argwohn der Regierung, der eifrigen Zuträgerei, der Ängstlichkeit der Zensur konnte sich die freie politische Meinung zum Teil überhaupt nicht äußern; oder wenigstens war Vorsicht geboten" (ebda., S. 155). Was sich hier zwischen 1750 und 1772 – 1772 bricht das Protokoll ab –, hatte sich 1720 bei der *Gesellschaft der Mahler* schon einmal zugetragen. Man traf sich zwar nicht heimlich, aber die Vorsicht vor der Zensurbehörde spricht aus jeder Zeile der erhaltenen »Chronick« der Gesellschaft.

b. ›*Die Discourse der Mahlern*‹ *(1721–23), der* ›*Crito*‹ *(1751), Plan eines* ›*Phantasten*‹:

Die ›Discourse‹ sind das gemeinsame Werk Bodmers und Breitingers. Bereits 1718, wahrscheinlich in Lyon, hatte sich Bodmer eine Ausgabe von ADDISONS ›Spectator‹ besorgt. Wie er in den »Persönlichen Anekdoten« schreibt, muß es sich dabei um die französische Ausgabe des Textes gehandelt haben. Eine in Amsterdam in sechs Auflagen erschienene Ausgabe ([1]1714; [6]1744) trägt den Titel: ›Le Spectateur ou le Socrate moderne, ou l'on voit un portait naïf des moeurs de ce siècle‹. In den Jahren 1711–1713 hatte es Addison immerhin auf 555 Nummern gebracht. Im Vergleich mit dem Original weist die französische Ausgabe 200 Nummern weniger auf. Nach den Forschungsergebnissen Baechtolds (GDLS, S. 527) und Vetters (er hielt ursprünglich das englische Original für die Vorlage der ›Discourse‹, korrigierte sich aber dann in der »Denkschrift«, S. 318) diente die gekürzte französische Ausgabe als Muster bei der Abfassung der ›Discourse‹. Neben FÜSSLIS Berichten (vgl. S. 20) erweist sich die »Chronick der Gesellschaft der Mahler« als wichtigste Quelle über das Zustandekommen der Malergesellschaft.

Die Art und Weise, wie sich die Vereinigung der jungen Zürcher konstituiert haben soll, war konventionell. In der »Chronick« wird von einer „Lustreise" gesprochen, die die Gründungsmitglieder „gegen dem Ende des 1719. Jahrs" unternommen hätten, um in Gränichen/Aargau „über ihrem Vorhaben zu *confe*rieren" (S. 1). Vier Bände erschienen insgesamt, und von den 94 Abhandlungen schreiben wir je zwei Laurenz Zellweger (I, 11; III, 17) und Johann Jakob Lauffer, dem Berner Landeshistoriographen, zu (II, 14; IV, 5). Cornelius Zollikofer aus St. Gallen, Johann Heinrich Meister und Johann Georg Altmann in Bern schrieben je einen „Discours" (II, 9; II, 13; II, 3). Alle übrigen Beiträge stammen von Bodmer (46) und Breitinger (27) oder von beiden gemeinsam (13). In der »Chronick« finden wir auch die Malernamen entschlüsselt in „einer Liste, welche zeigt, von welchen Gliedern die *Disc.* in ihrer *serie* seyn verfertiget worden" (S. 77). Danach unterzeichnete BODMER seine Beiträge mit Dürer, Rubens, Holbein oder Angelo, BREITINGER wählte abwechselnd die Malernamen Carrache (gemeint ist Annibale Carracci) und Holbein. Das sind nicht alle Pseudonyme, wohl aber die am häufigsten auftauchenden.

Der „Engeländische Zuschauer" war das Muster sowohl für die äußere Gestalt der ›Discourse‹ als auch für die Art der Darbietung der einzelnen Gegenstände. Das Programm unterscheidet sich zunächst kaum von dem anderer Journale. In bunter Reihenfolge werden Themen wie ‚Kleiderpracht‘, ‚Feinschmeckerei‘, ‚Höflichkeit‘ oder ‚Kindererziehung‘ abgehandelt. Der erste ›Discours‹ ist programmatisch aufzufassen. Gegenstand der „Mahlerei“ ist die menschliche Gesellschaft, sind die Menschen mit ihren „Passionen, Capricen, Lastern, Fehlern, Tugenden, Wissenschaften, Thorheiten, ihrem Elend, ihrer Glückseeligkeit, ihrem Leben und Tod, ihren Relationen, die sie mit andern Entibus haben“ (Bl. A3ᵛ). Daneben finden sich Gesprächsstoffe, die sich in den späteren Schriften der Schweizer als essentiell erweisen sollten. Wir meinen die ›Discourse‹ 5 und 19 des ersten Bandes, deren Verfasser Bodmer ist. Geraume Zeit vor Montesquieus »L'Esprit des Lois« (1748) verficht Bodmer im fünften Beitrag einen historischen Pragmatismus, ohne den sein und seines Freundes Schaffen nicht denkbar ist.

Die „Imagination, die sich wohl cultiviert hat“, ist der Gegenstand des neunzehnten Stücks. An Opitz und Menantes macht er in exemplarischer Weise den Unterschied zwischen dem „guten Poeten“ und dem „gemeinen Sänger“ deutlich. Das entscheidende Rüstzeug lieferte ihm dabei sein Gewährsmann Joseph Addison mit seiner Lehre von der Imagination, wie er sie in den Artikeln 411–421 des ›Spectators‹ entwickelt hatte. Probleme der imitatio naturae stehen im Mittelpunkt des zwanzigsten Stückes: Maler, Bildhauer und Schreiber, heißt es da, „suchen sämtlich die Spuhr der Natur, sie belustigen durch die Aehnlichkeit welche ihre Schrifften, Bilder und Gemählde mit derselben haben“ (›Discourse‹, Ausg. von Vetter, S. 98). Das geht im Grunde noch nicht über den Standpunkt hinaus, den auch Gottsched vertrat.

Weniger die ästhetisch-kritischen Exkurse als die moralisch-politischen erregten von vornherein das Mißtrauen der Zürcher Zensurbehörde. Nur wenn man die streng orthodoxen Kriterien berücksichtigt, nach denen die Kommission ihr Urteil zu fällen pflegte, wird man den Mut und den Optimismus bewundern, mit dem Bodmer und Breitinger ihr publizistisches Unternehmen über drei Jahre hinwegbrachten. Wie die Zensur im Einzelnen vorging, schildert die »Chronick« an zahlreichen Stellen:

„Die 7 Männer Gottes … machten die weitgesuchtesten *conjectur*en, sie argwohnten, sie *inquir*irten, die einen scholten auf die *Disc.* als auf eine Neüerung, die andern beförchteten die bösen *Consequenzen*. Diese sahen sie an als dem Staat, die andern als der Religion schädlich. Also waren sie sämtlich schrecklich *difficil*. Sie wollten nicht leiden, daß wir den Schöpfer *Meister der Existenz* nannten, aber *Brunnquell des Lebens* ware ihnen recht (Disc. 3.)" (»Chronick«, S. 22).

Auch die *Dienstags-Companie* hatte ihr Publikationsorgan. Sowohl Baechtold (GDLS, Anhang, S. 186) als auch Vetter (»Denkschrift«, S. 402) vermuteten in Bodmer den Herausgeber der Zeitschrift ›Crito‹. Nach den Aufzeichnungen der Gesellschaft nahmen Außenstehende gelegentlich an den Versammlungen teil. Genannt werden außer Bodmer noch Breitinger, Klopstock und Wieland. Unter dem Datum „A⁰ 1751" liest man folgende Notiz:

„In diesem Jahre wurde von einichen Gliedern der Gesellschaft eine critische Monatsschrift herausgegeben, welche zum vorwurf hatte die *Belles Lettres,* Recension von guten Schriften, die Schönheiten in Poetischen und Moralischen Werken nach sicheren Regeln gründlich zu zeigen, jeweilen auch Original-Stücke und Abhandlungen einzurücken. Diese Schrift war die *Crito* genennt, und ist auch hin und wieder mit Stüken von Herrn Professor Bodmer geziert, sie ward aber mit diesem Jahr für einmal beschlossen" (Faesi, S. 148).

Von Bodmer stammt eine Mitteilung vom 10. Juni 1751 an Zellweger: „Doktor *Hirzel* und seine Freunde haben ein critisches Journal unter dem Titel ›Crito‹ an der Geburt" (ebda., S. 149). Die Herausgeberschaft Bodmers ist demnach zweifelhaft. Vielleicht begnügte er sich mit der Funktion eines Beraters. Völlig im Gegensatz zu den ›Discoursen‹ trat die Literatur als Gegenstand der Diskussion wiederum stark in den Vordergrund. Artikel über Bodmer, Addison und Young machen den Inhalt des Bandes aus, dem nur eine einjährige Lebensdauer beschieden war.

Im Zusammenhang mit den Gesellschaftsschriften sollte Bodmers Plan, eine Zeitschrift mit dem Titel »Der Phantast« zu begründen, nicht unerwähnt bleiben. Mitteilungen dazu finden sich in den Briefen JOHANN ULRICH KÖNIGS an Bodmer. „In dem *Tractat*", bemerkt König am 15. Mai 1725, „welchen wir *gemeinschafftlich herausgeben könnten,* müßten sonderlich *Critiquen* über alte und neue teutsche auch ausländische Redner und Poeten, einzelne Stücke von Poesie und dergleichen, aber alle von gutem Geschmack, kommen, der Autor sey wer er wolle... Man könnte auch Übersetzungen, die von dem guten Geschmack handeln, hierein setzen" (A. Brandl, S. 146). Die Divergenzen zwischen dem Zürcher Bürger und dem sächsischen Hofdichter waren indessen zu groß, als daß eine Zusammenarbeit für längere Zeit möglich gewesen wäre. Der Plan zum

›Phantasten‹ hatte das gleiche Schicksal wie der zur Gründung einer *Boberfeldischen Gesellschaft,* die sich für die Anerkennung eines an Opitz orientierten Stilideals einsetzen sollte (vgl. den von Brandl hrsg. Briefwechsel Bodmers mit J. U. König, S. 12, ferner Claus Schuppenhauer: Der Kampf um den Reim in der dt. Lit. des 18. Jhs. 1970, S. 117 ff.).

c. Wirkungen

Spärlich war der Beifall, den man dem Journal der Maler-gesellschaft in der Schweiz spendete. Stärker war das Echo in den deutschen Ländern. Johann Ulrich König berichtete Bod-mer am 28. März 1724 von der günstigen Aufnahme der ›Dis-course‹ anläßlich einer Lesung „in einer gelehrten Gesell-schaft" in Leipzig (LP, S. 30). Ermutigend war ein ausführ-licher Brief, den Christian Wolff im April 1722 an die Maler richtete. Die Art, wie Wolff auf die ›Discourse‹ reagierte, zeigt, wie sehr sie seinen eigenen Vorstellungen entgegenkamen. Der Hallenser Philosoph hatte sich nicht gescheut, der historischen Erkenntnis (Tatsachenerkenntnis) einen gleichberechtigten Platz neben der allgemeinen oder notwendigen Erkenntnis ein-zuräumen. Als eine Möglichkeit „überführender Erkäntnis" begrüßte er das Unternehmen der Schweizer:

„Dero Vorhaben kann ich nicht anders als höchst billigen, indem es meinen moralischen Gründen gemäß ist, daß man die Ausübung der Tugend und guter Sitten und die Flucht der Laster nicht besser befördern kan, als durch lebhaffte Vorstellung der Exempel, die in der Welt *pass*iren. Wann diese mit rechten Farben für die Augen ge-mahlet werden, so entstehet dadurch eine *überführende Erkäntnis* vom guten und bösen, vom anständigen und unanständigen, und diese dringet in den Willen, daß man sich zu dem ersten *resolv*iret und das andere fliehet" (Brief vom 20.4.1723. Abdruck in »Chronick«, S. 120 f.). Damit hatte er die Absichten der beiden Herausgeber klar erkannt.

Trotz der im ganzen kühlen Aufnahme fanden Bodmer und Brei-tinger als Herausgeber der ›Discourse‹ auch in der Schweiz ihre Nachfolger. Die Rivalität zwischen Zürich und Bern war alt. Jetzt, unmittelbar nach dem Erscheinen des Journals entwickelte in Bern der Theologe, Historiker und Philologe Altmann ähnliche Initiativen wie seine Konkurrenten in Zürich. Er, der selber einen Beitrag für die ›Discourse‹ verfaßt hatte, gründete das unter wechselndem Titel erscheinende ›Bernische Freytags-Blätlein‹ (November 1721 bis Ende 1724). Der Malergesellschaft in Zürich entsprach die Neue Gesell-schaft (ab 1724: Verneuerte Bernerische Spectateurs-Gesellschaft) in Bern. Als Publikationsorgan der 1739 gegründeten Deutschen Ge-

sellschaft erschien dann 1740 der ebenfalls von Altmann herausgegebene ›Brachmann‹. Im Jahre der offenen Feindseligkeit zwischen
Zürich und Leipzig stellte sich Altmann offen auf die Seite Leipzigs,
indem er den ›Brachmann‹ dem „Hoch-Edelgebohrnen und Hoch-
gelahrten Herrn, Herrn Johann Christoph Gottsched ... wie auch
der Hoch-Edlen Frauen, Frauen Louisen Adelgunda Victoria Gottschedin, Gebohrnen Kulmus" widmete. In der Folgezeit gab es kaum
eine „moralische" Wochenschrift in der Schweiz, die sich nicht auf
die Mitteilungen der ›Mahler‹ berufen hätte. Daß westeuropäisches
Gedankengut (Locke, Montaigne u. a.) Eingang in die deutschsprachigen Kantone fand – selbstverständlich in populärer Form –, ist
unbestreitbar auch auf die Initiative der beiden Zürcher Freunde
zurückzuführen. Für jede weitere Beschäftigung mit der Entwicklung der Schweizer Presse verweisen wir auf die unentbehrlichen
Handbücher und Darstellungen von Carl Ludwig Lang (1939) und
Fritz Blaser (1956).

d. ›Der Mahler der Sitten‹ (1746):

Eine, wie das Titelblatt ankündigt, „von neuem übersehene
und stark vermehrte" Auflage erfuhren die ›Discourse‹ 1746
in den zwei Bänden der ›Mahler der Sitten‹. Die Vorarbeiten
dazu gehen wahrscheinlich bis in die frühen vierziger Jahre
zurück. Nur noch wenig erinnert an das jugendliche Unternehmen. Den 94 Nummern der ›Discourse‹ wurden weitere elf
Stücke hinzugefügt; die Reihenfolge wurde abgeändert, die
einzelnen Beiträge werden jetzt „Blatt" genannt; verantwort-
lich zeichnet nurmehr ein „Sittenmahler". Sowohl inhaltliche
als auch sprachlich-stilistische Kriterien lassen auf einen tief-
greifenden Geschmackswandel schließen, der sich zwischen
1721 und 1745 vollzogen haben muß. Er habe „zwar die Grundsätze und die Materie der ersten Arbeit behalten, dieselbe aber
in eine sehr veränderte Form umgegossen, „bemerkt der „Sittenmahler" in der ›Vorrede‹.

Exemplarisch läßt sich der Geschmackswandel ablesen an der
Leseliste, die er in der frühen und der späteren Ausgabe dem weib-
lichen Geschlecht empfiehlt – Bücherlisten für Damen tauchen auch
in anderen periodischen Schriften der Zeit auf. 1723 (›Disc.‹, IV. 15)
wählten Bodmer und Breitinger 34 Bücher aus, von denen allein 23
auf die französische und nur 5 bzw. 4 auf die englische und deutsche
Literatur entfielen. 1746 (›Mahler‹, Bd. 2, Bl. 76), in der „Bibliothek
für Frauenspersonen", erachtete der „Sittenmahler" 65 Werke für
lesenswert. Deutsches Schrifttum ist jetzt mit 11 Titeln vertreten,
englisches und französisches mit je achtzehn. Merkwürdigerweise
fehlen im neuen Verzeichnis die Namen Corneille, Racine, Molière

und Boileau; dagegen finden sich Mme. De Sévignés »Briefe«, Voltaires »Leben Carls des Zwölften« und Beat Ludwig von Muralts »Briefe über die Engelländer und die Franzosen«. Die antiken Klassiker werden samt und sonders in deutschen Übersetzungen angeführt. In Übersetzungen erscheinen auch die Titel der englischen und französischen Bücher. Ganz deutlich tritt damit die allmähliche Emanzipation des deutschsprachigen schweizerischen Bürgers vom französischen Vorbild in Erscheinung. Empfehlenswert bleibt für den „Sittenmahler" jedoch nach wie vor Boileau. Im Hinblick auf eine natürliche Sprache, im Kampf gegen die zweite schlesische Dichterschule (vgl. ›Mahler‹, Bd. 2, Bl. 66 u. 68), nahm Boileau im Werk der Schweizer eine ähnliche Stelle ein wie Opitz. Das fünfte „Blatt" des Sittenmahlers ist ausdrücklich dem Verfasser der »Art poétique« (1674) gewidmet.

Von Sune Hildebrand stammt der einzige Beitrag zur Sprache in den ›Discoursen‹ und im ›Mahler der Sitten‹. Sprache und Stil der ›Discourse‹ sind ein merkwürdiges Gemisch aus „Überbleibseln von dem altschwäbischen Deutsch" (LP, S. 1) und Gallizismen. Als ein solches sind sie jedoch durchaus repräsentativ für die Schriftsprache des gehobenen Bürgertums der deutschen Schweiz im frühen 18. Jh. Bis auf wenige Reste sind die Gallizismen im ›Mahler der Sitten‹ getilgt. Von einer völligen Angleichung an das obersächsische Deutsch kann man allerdings noch nicht reden; denn der Herausgeber hat sich „dem unnatürlichen Gesetze nicht unterwürfig gemacht, welches befiehlt, Wörter und Redensarten zu verbannen, die nichts verschuldet haben, als entweder, daß sie in der Schweitz erfunden, und in Sachsen noch nie gehöret worden, wiewol es sonst richtige Metaphern sind; oder, daß sie schweitzerisch, dabey aber von allemannischer Herkunft, dem Naturell und der Analogie der deutschen Sprache gemäß, und daneben bedeutend und edel sind" (›Mahler‹, Bd. 1, Vorrede).

Literatur
Texte:
»Chronick der Gesellschaft der Mahler« – »Die Discourse der Mahler, hrsg. von THEODOR VETTER vgl. I. 2, Textausgaben, S. 5.
BODMER und BREITINGER (Hrsgb.):
›Die Discourse der Mahler‹. Erster Theil. 1721. – Zweyter Theil 1722. – Dritter Theil 1722. – ›Die Mahler. Oder: Discourse von den Sitten Der Menschen. Der vierdte und letzte Theil.‹ 1732.
›Der Mahler Der Sitten. Von neuem übersehen und starck vermehret.‹ 2 Bde. 1746.
›Crito. Eine Monat-Schrift.‹ Erster Band 1751 [mehr nicht ersch.].

Darstellungen:

THEODOR VETTER: Der Spectator als Quelle der ›Discourse der Maler.‹ 1887.

HANS BODMER: Die Gesellschaft der Maler in Zürich und ihre Diskurse 1721–23. Diss. Zürich 1895.

SUNE HILDEBRAND: ›Die Discourse der Mahlern‹, Zürich 1721–23 und ›Der Mahler der Sitten‹, Zürich 1746, sprachlich verglichen. Ein Beitrag zur Geschichte der nhd. Schriftsprache in der Schweiz. Diss. Uppsala 1909.

ROBERT FAESI: Die Dienstags-Companie, eine unbekannte literarische Gesellschaft aus Bodmers Kreis. In: Zürcher Tb. auf das Jahr 1918. NF 39 (1918), S. 135–161.

CARL LUDWIG LANG: Die Zeitschriften der deutschen Schweiz. 1939.

ADOLF DÜTSCH: J. H. Tschudi und seine ›Monatlichen Gespräche‹. Ein Beitrag zur Geschichte der Aufklärung in der Schweiz. Diss. Zürich 1943.

FRITZ BLASER: Bibliographie der Schweizer Presse. 1956.

Zu den moralischen Wochenschriften, ihren Zielen, Themenkreisen usw. vgl. WOLFGANG MARTENS: Die Botschaft der Tugend. Die Aufklärung im Spiegel der moralischen Wochenschriften. 1968. Von HELGA BRANDES (Münster/Westf.) ist eine Dissertation über die ›Discourse‹ und den ›Mahler‹ zu erwarten.

2. Historische Studien

Pflege des republikanischen Staatsgedankens und Erweckung vaterländischer Gesinnung setzten die Kenntnis der heimischen Traditionen voraus. Die Bildung historischer, ökonomischer und moralischer Sozietäten war eine Möglichkeit der politischen Erziehung eines breiteren bürgerlichen Publikums. Unerläßlich war aber auch eine kritische Sichtung und Veröffentlichung wichtiger Quellen zur Geschichte der einzelnen eidgenössischen Territorien. Hier den alten Chronikenstil eines Aegidius Tschudi oder Joh. Heinrich Rahn fortzusetzen, verbot sich Bodmer und Breitinger von vornherein. VOLTAIRE, dem es darum ging, „die Geschichte von Außen nach Innen zu verlegen" (Croce, S. 211), der den „Sitten" – „les moeurs" – mehr Bedeutung zumaß als den unbedeutenden Einzelheiten – „petits faits" – bot sich als Vorbild an. Das gilt auch von MONTESQUIEU, dessen Name häufig in den Sitzungsberichten der ›Historisch-politischen Gesellschaft‹ auftaucht.

„Sitten" hatte Bodmer aber bereits lange vor Voltaires »Siècle de Louis XIV« (1766), vor dem »Essai sur les moeurs et l'esprit des nations« (1769) und sogar noch vor Montesquieus »Considérations sur les causes de la grandeur des Romains et de leur décadence« (1734). Wenn wir also hier von ‚Vorbild' sprechen, so gilt das nur mit aller gebührenden Einschränkung.

Entscheidend für die Anfänge Bodmers ist der fünfte der ›Discourse‹ (Teil I). Sicher wurde Bodmers Auffassung auch vom Mitherausgeber Breitinger geteilt. Bodmer teilt die „Historicos" in drei Kategorien ein: „Copisten" sind „die meisten von den Chronick-Schreibern des Schweitzerlandes". Sie „überlassen andern die Beurtheilung der Sachen, die sie auf die Bahne gebracht haben". Genau das, was sie anderen überlassen, tun die „Critischen Historici". Ein höherer Grad an Reflexion eignet ihrer Beschäftigung; sie zeichnen sich durch „Verstand" und „Witz" aus. Der „Original-Historicus" – er gehört zur dritten Kategorie – „kan ... keine grössere Idee von seiner Capacitet erwecken, als mit denen Caracteren, welche er von einem Volck oder von einer Person machet, die in seiner Historie einen Platz verdienet haben" (Teil I, S. 26). Die „Sitten" und „Charaktere" werden um diese Zeit allenthalben in der westeuropäischen Geschichtsschreibung geschildert. Bodmers Essai muß vor diesem Hintergrund gesehen werden. Die Gründe und Bedingungen des menschlichen Handelns sollen durch die historische Darstellung sichtbar gemacht werden. Der Historiker soll in den ‚Sittenzustand' eines Volkes eindringen.

Zwei wissenschaftliche Unternehmungen geben Zeugnis vom Bestreben der beiden Freunde, ihre Zeitgenossen mit den eidgenössischen Traditionen vertraut zu machen. Von 1735 bis 1741 gaben sie die ›Helvetische Bibliothek‹ heraus. Es folgten 1739 die ›Historischen und Critischen Beiträge zu der Historie der Eidsgenossen‹, eine Folge von Abhandlungen und Urkunden. Die geistige Nähe zu Montesquieu wird deutlich in der Vorrede zur ›Helvetischen Bibliothek‹. Der Einsicht in die „Triebwerke" einer politischen Gesellschaft wird die Priorität eingeräumt, nicht der selbstgenügsamen Verzeichnung der „scheinbarsten Theile eines Unterfangens" (S. 5). Die Beziehung zur Gegenwart wird hergestellt durch die Vorbildlichkeit des Geschehenen:

„Wann die Historie ein Vorbild abgeben soll, nach welchem wir das Leben aus der Betrachtung der Aufführung anderer Leute einrichten sollen, so muß sie uns die Absichten vor Augen legen, welche die Menschen bei einem Unternehmen gehabt, sie muß die Grundsätze entdecken, nach welchen sie gehandelt, sie muß uns alle die verschiedenen Mittel eröffnen, womit sie jede besondere Absicht zu erreichen getrachtet haben, und uns aufs genaueste berichten, wie weit ein jegliches Mittel sie zu ihrer Absicht geführt habe" (S. 6).

Zweifellos das wichtigste politische Dokument ist die Abhandlung über den »*Richtbrief der burger von Zürich*« *(1378)* und dessen Publikation in der ›Helvetischen Bibliothek‹ (2. Teil, I. II), die eine „genaue Wissenschaft von dem ersten Regiment und Staat" (ebda., S. 7) Zürichs vermitteln sollte. Der Blick blieb dabei stets auf die Gegenwart gerichtet. Eine der Triebfedern zu allen historischen Studien war immer wieder der Wunsch „einer Veränderung in der Lebensart... welche die Zürcher mehr zu ihrem Lande, zu der Lebensart, zu der Einfalt der alten Zeiten, und zu ihnen selber zurückführen würde." Das steht am Ende einer von Bodmer für den Schulgebrauch verfaßten »Geschichte der Stadt Zürich« (1773; Zitat in F. Ernst: J. J. Bodmer, Ausgewählte Schriften, S. 105).

Eine „Veränderung in der Lebensart" konnte am ehesten durch gesellschaftliche Zusammenschlüsse erreicht werden. 1758 hatte der Luzerner Ratsherr FRANZ URS BALTHASAR in seinen »Patriotischen Träumen eines Eydgenossen« (hrsg. 1758 von Isaak Iselin) die Gründung einer allgemeinen Staatsbürgerschule für Schweizer aller Kantone empfohlen. 1761 trat dann in Schinznach eine ›Helvetische Gesellschaft‹ – gebildet aus Baslern und Zürchern – zusammen. Im Mai 1762 erklärte man Bodmer, den Zürcher Professor für vaterländische Geschichte, ungefragt zum Mitglied. Als es in der Schinznacher Gesellschaft wegen ungeklärter Satzungsfragen zu keinen nennenswerten Fortschritten kam, gründete Bodmer im Sommer 1762 die *Historisch-politische Gesellschaft* in Zürich. Ihre „Ordnungen und Gesetze" datieren vom Juli 1762. Eine Statutenrevision erfolgte 1765. Im Jahre 1770 wurde die Gesellschaft für ein Jahr suspendiert: den mangelhaften Eifer mancher Mitglieder beklagte Hans Heinrich Füssli 1769 (vgl. Zehnder-Stadlin, S. 294f.). Um 1830 scheint sich die Gesellschaft aufgelöst zu haben (vgl. O. Hunziker in »Denkschrift«, S. 98). Erhalten sind sowohl die Statuten vom Juli 1762 als auch eine große Anzahl von ›Auszügen aus den der Historisch-Politischen Gesellschaft vorgelesenen Discoursen und Abhandlungen‹ (ZBZ, MsB 37, 3. 4).

Ein Blick auf die in den Jahren 1762–63 gehaltenen wöchentlichen Vorlesungen verdeutlicht nicht nur die Zielsetzung der ›Historisch-politischen Gesellschaft‹, sondern zeigt auch, wie sich hier das Gedankengut der französischen Aufklärung in populärer Weise niederschlägt. Da liest man folgendes: »Die Verbindlichkeit eines Republikaners, die Geschichte seines Vaterlandes zu studieren« (Vortragsthema vom 4.8.1762); »Eine Politik, welche nicht auf die Moral erbaut ist, ist eine falsche Politik« (Thema vom 18.8.1762); »Nur allein ein tugendhafter Mann kan ein guter und nützlicher Bürger seyn«

(Thema vom 1.9.1762). Montaignes und Pierre Bayles Pyrrhonismus (zu Bayle, vgl. S. 14) hatten in der welschen und deutschen Schweiz „jene Disposition der Seele" verbreitet, „die vielleicht für moralische Grundsätze zugänglich, aber gegen alles Wissen vom Transzendenten von vornherein widerspenstig" war (P. Wernle: »Der schweizerische Protestantismus des 18. Jhs.«, S. 25). Die Statuten und Aufzeichnungen der ›Historisch-politischen Gesellschaft‹ sind ein merkwürdiges Zeugnis für jene Disposition.

Literatur
Texte:
a) Von BODMER und BREITINGER gemeinsam herausgegebene Publikationen:
›Helvetische Bibliotheck, Bestehend In Historischen, Politischen und Critischen Beyträgen Zu den Geschichten Des Schweitzerlands.‹ 6 Stücke, 1735–1741.
›Historische und Critische Beyträge Zu der Historie Der Eydsgenossen.‹ 4 Teile, 1739.

b) Texte von BODMER:
›Die Discourse der Mahlern‹, 1721. 5. Diskurs. – Vgl. Textausgaben, S. 5. [Eingehender Beitrag über die Geschichtsschreibung.]
»Geschichte der Stadt Zürich. Für die Real-Schulen. Mit hoher Approbation.« 1773. – Vetter (Bibliographie, Nr. 76, erwähnt auch eine Ausgabe von 1774.
»Unterredung von den Geschichten der Stadt Zürich. Für die Real-Schulen. Mit hoher Approbation«. 1773.
›Summarien der Schweizerischen Geschichte. Mit Anzeige ihrer besten Geschichtsschreiber‹. In: Neues Schweizerisches Museum. Bd. 2 (1794), H. 9, S. 701–715; H. 10, S. 720–729. – Aus dem Nachlaß (ZBZ, MsB 35, 5).

Zahlreiche historische Abhandlungen und Notizen befinden sich im Bodmer-Nachlaß der ZBZ. Unter den Signaturen MsB 35 und 36 (Prosaaufsätze II, III) werden allein 26 (MsB 35) und 15 (MsB 36) Aufsätze angeführt, die mit einiger Sicherheit von Bodmer stammen. Sie hier im einzelnen aufzuzählen, verbietet die im vorliegenden Realienband gebotene Kürze.

Veröffentlicht wurde ferner Bodmers »Geschichte der Unruhen in den äußeren Rhoden in den Jahren 1732-33«, und zwar in:
ADOLF TOBLER: Ein Beitrag zur Appenzeller Geschichte der Jahre 1732/33. In: Appenzeller Jahrb. 4 (1891), S. 12–52.

c) Texte von BREITINGER:
›Luculenta commentatio in antiqua monumenta in agro Tigurino

nuper eruta; (cum tab. aen.)‹ In: Joh. Georg Schelhorn: Amoenitates literariae. Tom. VII (1727), S. 1–74. Suppl. dazu in Tom. IX, S. 822–26.

›Prolegomena Thesauri scriptorum historae Helvetiae‹. 1735. – Einleitung zum ›Thesaurus Script. Hist. Helvetiae« des Berner Historikers Johann Jakob Lauffer.

Zusammen mit Joh. Georg Altmann u. a. Mitarbeit in ›Tempe Helvetica: Dissertationes atque Observationes Theologicas, Philologicas, criticas exhibens‹. 1735–43. – Carl Ludwig Lang (»Die Zeitschriften der dt. Schweiz«, S. 49) bemerkt dazu: „Von 1739 an stand Joh. Jakob Breitinger auf Altmanns Wunsch hin diesem vorübergehend zur Seite in der Redaktionsarbeit".

»Zuverlässige Nachricht und Untersuchung von dem Alterthum der Stadt Zürich und von einer neuen Entdeckung merkwürdiger Antiquitäten einer bisher unbekannten Stadt in der Herrschafft Knonau«. 1741.

d) Breitingers »Gutachten zum Großmünster«:

Rudolf Rahn veröffentlichte 1873 ein ausführliches Gutachten zu Plänen, die einen Umbau des Großmünsters nach dem Blitzschlag von 1763 betrafen. Rahn schreibt: „Breitingers Verdienst, der damals die Stellung eines ‚Bauherrn der Stift‘ bekleidete, ist es, daß weitere Zerstörungen unterblieben und Zürich das Beste bewahrte, was die Kunst des Mittelalters in seinen Mauern hinterlassen hat" (S. 4 der unten erwähnten Publikation von Rahn).

[Rudolf Rahn:] Eine Erinnerung aus der Geschichte des Großmünsters in Zürich. Zum Gedächtnis an J. J. Breitinger, 14. Dez. 1776. Der allgemeinen geschichtsforschenden Gesellschaft der Schweiz gewidmet... Zürich am 19. August 1873. – Hierin Abdruck des Breitingerschen Gutachtens.

Darstellungen:

Gustav Tobler: J. J. Bodmer als Geschichtschreiber [sic!]. Neujahrsblatt, hrsg. von der Stadtbibliothek in Zürich auf das Jahr 1891. 49 SS.

Paul Giroud: Johann Jakob Bodmer als Politiker und Patriot. Diss. Basel 1921.

Carlo Antoni: Momenti della storiografia: Gli Suizzeri e l'idea della nazione. In: Studi germanici 3 (1940), S. 523–558.

Zur Historiographie allgemein:

Benedetto Croce: Theorie und Geschichte der Historiographie. Nach der 3. verm. Aufl. bearb. u. übers. von H. Feist. 1930 (= Gesammelte Philosophische Schriften, I. 4).

Eduard Fueter: Geschichte der neueren Historiographie. ³1936.

„Auch Teutsche können sich auf den Parnassus schwingen", betonte Bodmer in seiner kleinen gereimten Literaturgeschichte mit dem Titel »Character der teutschen Gedichte« (1734). In den Versen 53–106 versucht er nachzuweisen, daß der oft erhobene Vorwurf der Barbarei mindestens für das Zeitalter der Staufer unbegründet sei; denn erst „mit Conradinens Blut" sei Deutschland „in die barbarsche Nacht" versunken. Ein neuer Lichtblick war dann nach seiner Ansicht Opitz. Nur dann wird man den altdeutschen Studien der beiden Zürcher gerecht, wenn man ihre patriotischen Ziele im Blickfeld behält: es galt, den Nachweis einer glanzvollen, den Nachbarländern ebenbürtigen literarischen Vergangenheit zu erbringen und gleichzeitig eine ebenso glänzende Zukunft vorzubereiten.

Im Jahrgang 1756 der ›Freymüthigen Nachrichten‹ behauptete Bodmer „gegen vierzig Gedichte in der heroischen Gattung" gezählt zu haben. Wie intim die Kenntnisse waren, über die er verfügte, mag dahingestellt bleiben. Sein und seines Freundes Aufmerksamkeit richtete sich in den Jahren nach 1743 vor allem auf zwei literarische Denkmäler: den „Minnekodex" (heute: ›Große Heidelberger Liederhandschrift‹; Cod. pal. germ. 848) und das »Nibelungenlied«.

Was Bodmer und Breitinger vor ihrer eigentlichen Beschäftigung mit den mittelalterlichen Literaturdenkmälern bekannt war, stammte aus Johann Schilters ›Thesaurus antiquitatum Teutonicarum‹ (3 Bde., 1728) und Melchior Goldasts ›Paraenetica‹ (1604). Um 1735 müssen sie von der Existenz eines umfangreichen Kodex in der Kgl. Bibliothek zu Paris gewußt haben. Das geht aus einem Brief Bodmers an Gottsched hervor. Acht Jahre später wußten sie bereits Genaueres zu berichten, und zwar in der Abhandlung »Von den vortrefflichen Umständen für die Poesie unter den Kaisern aus dem schwäbischen Hause«. Die Studie, die 1743 in der ›Sammlung Critischer, Poetischer und andrer geistvollen Schriften‹ vorgelegt wurde, ist in zweifacher Hinsicht bemerkenswert. Zum einen im Hinblick auf die Bekanntschaft mit dem Pariser Kodex, zum andern im Hinblick auf die Art der Rezeption mittelhochdeutscher Dichtung im Zeitalter der Aufklärung überhaupt. Immerhin war dem Verfasser des Aufsatzes (Bodmer; Breitingers Anteilnahme darf aber vorausgesetzt werden) jetzt die genaue Bezeichnung des Pariser Kodex geläufig: „Num. 7266 ein pergamener Codex" (ebda., S. 35). Und er vermerkt weiter, daß ihm die Namen der „vornehmen Verfasser" bekannt seien: Walther von der Vogelweide, Wernher von Teufen (Bodmer schreibt: Túfen), Reinmar von Zweter u.a.m. In einer merkwürdigen Mischung von

„richtiger Beobachtung tatsächlicher Verhältnisse" und „pragmatischer Geschichtskonstruktion" (Burdach, S. 10f.) gelangte Bodmer zu Thesen, die die Minnesang-Forschung bis in unsere Tage beschäftigte. Entscheidend war seine Erkenntnis, daß die Dichtung der Stauferzeit Gesellschaftspoesie der Höfe war. Freilich verdankte er seine Einsichten nicht zuletzt einem Gewährsmann, den er in der ›Sammlung‹ (vgl. dort den Aufsatz »Von dem wichtigen Antheil, den das Glück beytragen muss einen epischen Poeten zu formiren‹) auch nennt: THOMAS BLACKWELL, dessen »Enquiry into the Life and Writings of Homer« 1735 erschienen war. Ganz offensichtlich nahm Bodmer Blackwells Thesen von der gesellschaftlichen und klimatischen Gebundenheit aller Dichtung und der mündlichen Vortragsweise der Epen Homers auf, um seine eigenen Ansichten zu stützen.

Schon lange vor der Herausgabe des Pariser Kodex (1758/59) machte Bodmer die Öffentlichkeit in seinem ‚Hausorgan', den ›Freymüthigen Nachrichten‹ (Jg. 1745) mit einigen Strophen (Kaiser Heinrich) bekannt, die der Freiherr von Bartenstein (dieser hatte sie 1726 in Paris kopiert) ihm durch seinen Schwager, den Straßburger Philologen Joh. Georg Scherz, hatte übermitteln lassen. Was Bodmer 1745 forderte, war völlig neu und konnte zum damaligen Zeitpunkt nicht auf ein Echo rechnen. „Noch mehr würde unserer Sprache geholffen seyn", schrieb er, „wenn … ein gelehrter Mann die Sprache des dreyzehnten Jahrhunderts studirte; wenn er eine Grammatik derselben verfassete… [119]… Ein Hauptstück wäre endlich, wenn dieser Gelehrter ein poetisches Urtheil hätte, daß er uns die Schönheiten in der Poesie, die von der Scharfsinnigkeit, von der Zärtlichkeit, der Gedanken entstehen, vor Augen legen könnte" (›Freymüthige Nachrichten‹ 2, 1745, S. 118f.). Wie sehr Bodmer den Minnesang am eigenen ästhetischen Kanon maß, macht diese Stelle deutlich. Von ‚empfindsamen' Tönen ist auch in den ›Critischen Briefen‹ von 1746 die Rede (vgl. dort z. B. den 12. und 13. Brief). In den Denkmälern des „altschwäbischen Zeitpunktes" entdeckten Bodmer und Breitinger Beispiele für jenen herzerhebenden Ausdruck, den sie in den ästhetischen Schriften von 1740/41 der Sprache des Witzes entgegenhielten. Im dreizehnten Brief lesen wir: „Ich habe nicht unbedacht geschrieben, daß die Liebespoeten aus dem Alter der Kaiser Friedriche eine Artigkeit in den Gedanken, und eine Zärtlichkeit in dem Herzen gezeiget, welche den neuern vor den itztlebenden beynahe unbekannt gewesen wäre" (›Crit. Briefe‹, S. 209). Eine Erneuerung der Dichtersprache hat also nicht nur vom Beispiel der großen Epiker Homer, Dante und

Milton auszugehen, sondern auch von den Mustern der staufischen Epoche.

Ende November 1746 traf der Kodex 7266 der Pariser Bibliothek in Zürich ein. Der Briefwechsel zwischen Bodmer, Breitinger und dem Straßburger Gelehrten Joh. Daniel Schöpflin (vgl. I. 4: Briefe), den Joh. Crüger edierte, gewährt Einblick in die Schwierigkeiten, mit denen eine literarische Transaktion von solcher Bedeutung im 18. Jh. durchgeführt wurde. Eine Lettre de Cachet Ludwigs XV. gab den Weg frei. Über Straßburg und Basel erreichte die wertvolle Sendung schließlich die Residenz des damaligen französischen Ambassadeurs in Solothurn. Dort empfing ein Vertrauter Bodmers die wertvolle Fracht.

Von den 140 Sängern des Codex Palatinus stellten Bodmer und Breitinger achtzehn in den »*Proben der alten schwäbischen Poesie*« (1748) vor. Dem Textteil (269 SS.) geht eine »Geschichte der Manessischen Handschrift« vorauf. Von Breitinger scheint das Glossar (S. 273–296) zu stammen. Merkwürdig ist, daß einer der Hauptakteure, Schöpflin, nur an sehr abgelegener Stelle, in den ›Freymüthigen Nachrichten‹ (5, 1748, S. 298 ff.) genannt wird, sonst aber nirgends.

Ganz sicher kommt Bodmer das Verdienst zu, als erster auf die Gemeinsamkeiten aufmerksam gemacht zu haben, die den deutschen Minnesang mit der provenzalischen Troubadourpoesie verbinden. In den ›Neuen Critischen Briefen‹ (1749) geht er ausführlich auf Gemeinsames und Unterschiedliches ein, und zwar im vierzehnten Brief.

Ein Blick in die zeitgenössischen Dichtungslehren und literarischen Wochenschriften zeigt, wie schwer es 1748 gewesen sein muß, mit den »Proben« auch nur ein paar Liebhaber für die altdeutsche Literatur zu gewinnen. Anders ist es nicht zu erklären, daß sich Bodmer und Breitinger schon unmittelbar nach dem Erscheinen des Bandes mit dem Gedanken trugen, die Arbeit aufzugeben. In einem Brief an Gleim vom 11. September 1748 erwog Bodmer: „Wenn sich ein geschickter Mann zeigte, zu welchem wir das Vertrauen haben könnten, daß er mehrere Theile mit der gehörigen Geschicklichkeit zum Drucke beförderte, so wären wir ganz geneigt, ihm unsere Abschriften ohne Entgelt zu überlassen" (Körte, S. 97). Um so mehr müssen wir den Mut bewundern, mit dem beide Freunde ein so wenig Erfolg versprechendes Unternehmen weiterführten. Die Suche nach einem zukünftigen Verleger der »Proben« scheint keine leichte Sache gewesen zu sein. Offenbar versuchte Bodmer, außerhalb von Zürich einen Interessenten zu finden. Hagedorn in Hamburg gab ihm zu verstehen, „daß die hamburgischen Buchhändler zu dergleichen Materien und dem parisischen Codice wenig Neigung" verspürten (Guthke: »Hagedorn u. das literar. Leben seiner Zeit«, S. 69. Brief vom 3. Sept. 1747). Er verwies ihn auf Varrentrapp in Frankfurt und Vandenhoeck in Göttingen.

Kurze Zeit nach einer Ankündigung in den ›Freymüthigen Nachrichten‹ (15, 1758, S. 145 ff., 156 ff.) erschien 1758 der erste, 1759 der zweite Teil der ›Sammlung von Minnesingern aus dem schwaebischen Zeitpuncte‹ (I: 20 SS. »Vorrede«, 204 SS.; II: 7 SS. Vorwort, 262 SS., Gr. 8⁰). Aufgenommen wurden alle 140 Sänger. Es wäre ein Leichtes, den Herausgebern einen ganzen Katalog von philologisch-historischen Irrtümern nachzuweisen. Die wissenschafts- und literaturgeschichtliche Bedeutung der ›Sammlung‹ wird man indessen nicht hoch genug einschätzen können. Bis ins frühe 19. Jh. blieb sie die wichtigste Dokumentation mittelhochdeutscher Lyrik.

Noch einmal wird in der »Vorrede« die Geschichte des Codex Palatinus erzählt, detaillierter als 1748 in den ›Proben‹. Und auch hier wird, über ein bloß antiquarisches Interesse hinaus, die Bedeutung der Minnelieder für die Gegenwart gesehen. Veranstaltet wurde das Ganze, um „die Überbleibsel, diese Denkmaeler des Witzes und des Herzens unserer Voraeltern vollstaendig zu sehen" (»Vorrede«, S. III). Die ›Sammlung‹, deren Rettung Bodmer und Breitinger der vaterländischen Gesinnung ihres Zürcher Landsmannes Ruedeger Manesse zuschrieben, sollte den Anstoß zur Neubesinnung geben.

Voraufgegangen war der Edition der Minnesänger eine von beiden Zürchern veranstaltete Ausgabe von ULRICH BONERS ›Edelstein‹ unter dem Titel ›Fabeln aus den Zeiten der Minnesinger‹ (1757). Joh. Georg Scherz hatte mit der Edition von 51 Fabeln Boners in den Jahren 1704–10 bereits Vorarbeit geleistet. Die wichtigsten Quellen der Fabelsammlung waren den Zürchern bekannt: Äsop, Avian, die ›Gesta Romanorum‹, Freidanks ›Bescheidenheit‹. Boners Name blieb den Herausgebern verborgen. Es ist bemerkenswert, daß ausgerechnet die moralisch-didaktische Sammlung des Berner Dominikaners dazu dienen mußte, das Publikum auf die Sprache des Minnesangs vorzubereiten.

In die zweite Hälfte der fünfziger Jahre fällt auch die *Beschäftigung mit dem* »*Nibelungenlied*«. Vom 29. Juni 1755 stammt ein Brief, den der Lindauer Mediziner JAKOB HERMANN OBEREIT (1725–98 – von 1786–91 war Obereit, bekannt durch seine Schrift »Vertheidigung der Mystik und des Einsiedlerlebens«, 1775, Hofphilosoph in Meiningen) aus Diepoltsau an Bodmer richtete. Er teilte mit, er habe „2 alte eingebundene pergamentene Codices von altschwäbischen Gedichten gefunden, darvon der einte sehr schön deutlich geschrieben, einen mittelmässig dicken Quartband ausmacht, und ein aneinanderhangend weitläuftig Heldengedichte zu enthalten scheint, von der burgundischen Königin oder Princessin Chriemhild, der Titel aber ist Adventure von den Gibelungen, und das ganze Buch ist in Adventuren als in Capitel oder vielmehr Sectionen eingetheilt" (Crüger: »Der Entdecker der Nibelungen«, S. 28). Die Hs. C (Hohenems-Laßbergische Hs.) war entdeckt. Am 14. Juli 1755 wurde Bodmer die Handschrift zugeschickt, wahrscheinlich nach St. Gallen, wo er sie in Empfang nahm. Ob Zellweger, der Hausarzt des gräflichen Besitzers von Schloß Hohenems, Bürge war, geht aus der von Joh. Crüger teilweise edierten Korrespondenz zwischen Obereit und Bodmer nicht hervor.

In den Jahrgängen 1756 und 1757 der ›Freymüthigen Nachrichten‹ finden sich die Anzeigen des Liedes sowie Marginalien zu seiner Sprache. Bald darauf lag der erste Druck vor: »Chriemhilden Rache, und die Klage«. Weder sich selber noch den Entdecker Obereit nennt Bodmer in der Ausgabe.

Schon der Titel verrät, daß der Leser keinen vollständigen Abdruck erwarten kann. Bodmer druckte nämlich nur das letzte Drittel des Liedes sowie die »Klage« ab. Ausgangspunkt war ihm die Ankunft der Burgunden in Bechelaren (Strophe 1642, 3 bei Bartsch). Bodmer brachte den Text des «Nibelungenlieds« auf 140 Spalten (Sp. 1–140), den der »Klage« auf weiteren 99 Spalten (Sp. 141–240). Ein Anhang (Sp. 241–250) ergänzt den „Rache"-Teil um wenige Fragmente aus dem nicht aufgenommenen Teil des Liedes. Im übrigen begnügte sich der Herausgeber damit, in einer Einführung dem Leser die erste Strophe des Lieds und die „Summarien, die vor den besonderen Abschnitten des Gedichtes gesetzt sind" (S. IV) vorzuführen (Aventiure I–XXIV).

Die Auflösung der Langzeilen in Kurzzeilen durch den Herausgeber und die Tatsache, daß er die strophische Gestaltung offenbar nicht erkannt hatte, haben die Entrüstung der Textkritiker hervorgerufen. In der Tat scheint hier der treffsichere Kritiker von allem literarischen Spürsinn verlassen worden zu sein. Verständlich ist sein Vorgehen nur, wenn man berücksichtigt, wie sehr er – trotz aller in den theoretischen Erörterungen von 1740/41 gemachten ‚Fortschritte' – in der Praxis immer noch in der Welt aufklärerischer Ästhetik lebte. „All diese Stücke habe ich abgeschnitten, und ich glaube mit demselben Rechte, mit welchen Homer die Entführung der Helena, die Aufopferung der Iphigenia, und alle Begegnisse der zehn Jahre, die vor dem Zwiste zwischen Achilles und Agamemmnon vorhergegangen sind, weggelassen hat" (S. VII, Einleitung). Geopfert hat er 24 Aventiuren um der „Einheit der Handlung" willen, von der „Eschilbach und seine Zeitgenossen, die erzählende Gedichte geschrieben haben, keinen Begriff" hatten (ebda., S. V.).

Das Interesse an der weiteren Herausgabe mittelalterlicher

Texte erlahmte nach 1758/59. Erst um 1776, nach Breitingers Tod, finden wir Bodmer erneut mit Plänen beschäftigt. Am 29. September 1779 gelangte wiederum eine Handschrift mit dem »Nibelungenlied« in seine Hände; es war der Kodex A (Hohenems-Münchner Hs.), den er bis zum „Rache"-Teil abschreiben ließ. Der Rest wurde mit der „Rache" kollationiert. Im Juni 1780 erhielt er schließlich die Hs. B aus St.Gallen. Er kollationierte diese mit seinen Abschriften.

Die Hoffnung, das vorliegende Material nunmehr zur Gänze zum Druck zu befördern, hatte der Zweiundachtzigjährige längst aufgegeben. Im ersten Band des ›Deutschen Museums‹ (1781, S. 297) bot er seine Sammlung öffentlich zur Sichtung und Bearbeitung an. CHRISTOPH HEINRICH MÜLLER in Berlin, einem früheren Schüler Bodmers, zu dem dieser freilich wenig Vertrauen hatte, wurde sie im Juli 1781 ausgehändigt. Die von Müller (gelegentlich: Myller) veranstaltete erste Gesamtausgabe erschien 1782: »Der Nibelungen Liet, ein Rittergedicht aus dem XIII. oder XIV. Jahrhundert«. Von Johannes von Müller stammt eine aufschlußreiche Besprechung in den ›Göttingischen Anzeigen von gelehrten Sachen‹ (3. März 1783, St. 36, S. 353–58). Gewidmet war sie Friedrich d. Großen, dessen Urteil ganz sicher von vielen geteilt wurde: „In meiner Bücher-Sammlung wenigstens, würde Ich, dergleichen elendes Zeug, nicht dulten sondern herausschmeißen" (Abdruck bei Abeling, S. 151 ff.).

Unterstützt wurden die Bemühungen um eine Anerkennung altdeutscher Literatur durch eine Anzahl freier Bearbeitungen. Bodmer begann die Reihe 1753 mit dem »Parcival«; 1767 folgte, gegliedert in Gesänge, eine Bearbeitung des von ihm herausgegebenen „Rache"-Teils mit dem Titel »Die Rache der Schwester«, 1774 wurde der Willehalm-Stoff nacherzählt im »Wilhelm von Oranse«. Maßgeblich war selbst hier wieder Homer. Als Versmaß kam für Bodmer einzig und allein der Hexameter in Betracht; denn nur dieser war der Würde des Stoffes angemessen. Erst in seinen späten Balladensammlungen von 1780/81 (»Altenglische Balladen«, 1780; »Altenglische und altschwäbische Balladen«, 1781) befreite sich Bodmer vom Hexameter-Zwang.

Literatur
Texte:
a) Ausgaben (hrsg. von BODMER und BREITINGER):
›Proben der alten schwäbischen Poesie des Dreyzehnten Jahrhunderts. Aus der Manessischen Sammlung‹. 1748.
»Chriemhilden Rache, und die Klage; zwey Helden Gedichte Aus dem schwaebischen Zeitpuncte. Samt Fragmenten aus dem Ge-

dichte von den Nibelungen und aus dem Josaphat. Darzu kommt ein Glossarium«. 1757.
›Sammlung von Minnesingern aus dem schwaebischen Zeitpuncte CXL Dichter enthaltend; durch Ruedger Manessen, weiland des Rathes der Uralten Zyrich. Aus der Handschrift der Königlich-Franzoesischen Bibliothek herausgegeben. Durch Vorschub einer ansehnlichen Zahl von Freunden des Minnegesanges‹. 1758–59.
›Fabeln aus den Zeiten der Minnesinger‹. 1757.

b) Freie Bearbeitungen in separaten Publikationen:
»Der Parcival ein Gedicht in Wolframs von Eschilbach Denckart Eines Poeten aus den Zeiten Kaiser Heinrichs VI.«. 1753. – Auch in ›Calliope‹, Bd. 2.
»Wilhelm von Oranse in zwey Gesängen«. 1774.

c) Freie Bearbeitungen in Sammlungen:
›Fragmente in der erzaehlenden Dichtart; Von verschiedenem Innhalte. Mit einigen andern Gedichten‹. 1755. – Es handelt sich hier um ein Gemeinschaftswerk von Bodmer und Wieland. Darin: »Gamuret«, S. 50–67.
›Calliope von Bodmern‹. 2 Bde. 1767.
    Darin: »Der Parcival. Von Eschilbach«, Bd. 2, S. 33–85 – »Die Rache der Schwester. Aus dem dreyzehnten Jahrhundert«, Bd. 2, S. 307–372.
›Altenglische und altschwäbische Balladen. In Eschilbachs Versart. Zugabe von Fragmenten aus dem altschwäbischen Zeitalter, und Gedichten. Zweytes Bändchen‹. 1781.
    Darin: »Sivrids mordlicher Tod«, S. 150–158 – »Die wahrsagenden Meerweiber«, S. 159–167 – »Der Königinnen Zank«, S. 168 bis 178 – »Jestute«, S. 178–193 – »Eingang des Gedichtes von Wilhelm von Oranse«, S. 209–213 – »Eingang des Gedichtes von Parcival«, S. 229–232.

Größere Studien und gelegentliche Bemerkungen BODMERS zur altdeutschen Literatur:
»Von den vortrefflichen Umständen für die Poesie unter den Kaisern aus dem schwäbischen Hause«. In: ›Sammlung Critischer, Poetischer, und andrer geistvollen Schriften‹. 1743, 7. Stück, S. 25–53.

›Freymüthige Nachrichten von Neuen Büchern, und anderen zur Gelehrtheit gehörigen Sachen‹. 1744 ff.
    Darin: ›Proben der alten schwäbischen Poesie‹, 2 (1745), S. 118 bis 120 – zu den ›Proben‹, 5 (1748), S. 298–300 – zu Kaiser Heinrichs Liedern, 13 (1756), S. 90–91 – Anzeige des »Nibelungenliedes«, 13 (1756), S. 92–94 – Forts. der Anzeige in 13 (1756), S. 381 – Bemerkungen über die Sprache in „dem alten Heldengedichte von der Rache", 14 (1757), S. 106 u. 158 – Bemerkungen über

„einige Fehler in dem alten Heldengedichte von der Rache", ebda.
S. 190.

›Critische Briefe‹. 1746.
Darin: »Von den Vortheilen der schwäbischen Sprache, in welcher
die Minnesinger geschrieben haben«. 12. Brief, S. 198–208. – »Von
der Artigkeit in den Gedanken und Vorstellungen der Minnesinger«. 13. Brief, S. 209–218.

›Neue Critische Briefe‹. 1749.
Darin: X und XI: »Moralische und physikalische Ursachen des
schnellen Wachsthums der Poesie im dreyzehnten Jahrhundert«,
S. 58–75 – XIII und XIV: »Von der Ähnlichkeit zwischen den
schwäbischen und den provenzalischen Poeten«, S. 78–98 – XLV:
»Von der Artigkeit in den Manieren der Mädchen, die von den
schwäbischen alten Poeten besungen worden«, S. 342–349 – LIII:
»Von einer fanatischen Liebesprobe der Minnesinger«, S. 379–383
– LV: »Von der Annäherung des goldenen Alters der deutschen
Poesie«, S. 387–390 — LXIII: »Von einer Nachahmung der Spra-
che des XIII. Jahrhunderts«, S. 446–448.

›Literarische Denkmale von verschiedenen Verfassern‹. 1779.
Darin: »Von der Epopöe des altschwäbischen Zeitpunktes«, S. 1
bis 19. – »Kühnheit der altschwäbischen Dichter, die Sprache und
Poesie zu bereichern«, S. 81–86. – »Erinnerungen zu Sigowin; und
von der Poesie der Skalden«, S. 181–189.

›Deutsches Museum‹, hrsg. von HEINR. CHRISTIAN BOIE.
Darin: Jahrg. 1779, II, S. 575 f. (zum Druck altschwäb. Dichter,
Auszüge aus Briefen vom Sept. 1779).
Jahrg. 1780, I, S. 25–28 (zur Geschichte der Minnesinger).
Jahrg. 1780, II, S. 124–36 (»Etwas Persönliches von den Poeten
des altschwäb. Zeitalters«).
Jahrg. 1781, I, S. 287 (Auszüge aus Briefen, Zürich, den 8. No-
vember 1780).
Jahrg. 1781, II, S. 76 (»Heinrichs von Veldeck, Ritters, Aeneas«).
In den Auszügen aus Briefen vom 8. Nov. 1780 (Jahrg. 1781, I,
S. 287) findet sich folgende Bemerkung: „Jetzt liegen in meinem
Pulte auf Pergamen geschrieben, Parcifal, die Nibelungen, Karl
Pepins Son, Wilhelm von Oranse. Ich lasse sie nett abschreiben,
und werde mit den Abschriften nicht zurückhaltend sein, wenn
sie begehrt werden... Bodmer."

›Altenglische und altschwäbische Balladen‹. 1781.
Darin: »Erinnerungen zu Sivrits Tod, dem Zank der Königin-
nen, und den weissagenden Meerweibern«, S. 194–198.
»Erinnerungen zu Jestute«, S. 198–204.

»Von dem Gedichte von Carl Pepins Sun« [»Karlemeinet«, Anm.
d. Verf.], S. 205 f.
»Eschilbachs Plan von Wilhelm von Oranse«, S. 209–213.
»Anmerkungen zu der Fabel von Wilhelm von Oranse«, S. 221
bis 229.
»Über den Eneas des von Veldeck«, S. 233–239.

Darstellungen:

JOHANNES CRÜGER: Der Entdecker der Nibelungen. 1883.

DERS.: Die erste Gesamtausgabe der Nibelungen. 1884.

DERS.: Das erste neuhochdeutsche Minnelied. In: ZfdPh 16 (1884),
S. 85–88.

JAKOB BAECHTOLD: Die Verdienste der Zürcher um die deutsche
Philologie und Literaturgeschichte. In: J.B.: Kleine Schriften,
1899. S. 61–78.

ROBERT RIEMANN: Bodmers »Rache der Schwester«. In: Euphorion
10 (1903), S. 22–55.

RUDOLF SOKOLOWSKY: Die ersten Versuche einer Nachahmung des
altdeutschen Minnesangs in der neueren deutschen Literatur. In:
ZfdPh 35 (1903), S. 71–80.

DERS.: Klopstock, Gleim und die Anakreontiker als Nachdichter
des altdeutschen Minnesangs. In: ZfdPh 35 (1903), S. 212–224.

JOSEF KÖRNER: Nibelungenforschungen der dt. Romantik. 1911.

DERS.: Die Renaissance des germanischen Altertums. In: ZfdU 27
(1914), S. 1–29.

ALFRED A. WILLI: Johann Jakob Bodmer (1698–1783) und die mit-
telhochdeutsche Epik. Diss. München 1923.

PAUL MERKER: Bodmers Parzival-Bearbeitung. In: Vom Werden des
deutschen Geistes. Festgabe Gustav Ehrismann zum 8. Oktober
1925 dargebracht. 1925. S. 196–219.

KONRAD BURDACH: Die Entdeckung des Minnesangs und die deutsche Sprache. In: K.B.: Vorspiel. Bd. 2, 1926. S. 1–37.

GUSTAVE O. ARLT: Acquaintance with Older German Literature in
the Eighteenth Century. Diss. Chicago/Ill. 1931.

JOSEF GÖTZ: Die Entwicklung des Wolfram-Bildes von Bodmer bis
zum Tode Lachmanns in der germanistischen und schönen Literatur. Diss. Freiburg/Brsg. 1936.

DOROTHY KNIGHT: Johann Jakob Bodmer's Contribution to the
Knowledge and Appreciation of Middle High German Literature.
Diss. London 1949.

DIES.: Thomas Blackwell and Johann Jakob Bodmer: The Establish-
ment of a Literary Link between Homeric Greece and Mediaeval
Germany. In: GLL 5 (1952/53), S. 249–258.

WERNER FECHTER: Zu Bodmers Nibelungen-Ausgabe. In: GRM 42
(1961), S. 225 f.

4. Übersetzung: Theorie und Praxis

Ein Blick in die literarischen Zeitschriften des 18. Jhs zeigt, daß in ihnen Übersetzungen einen verhältnismäßig breiten Raum einnehmen. Wichtige englische und französische (seltener italienische) Abhandlungen zur Literatur, Philosophie oder Kulturgeschichte erschienen hier zum ersten Mal in deutscher Sprache. Ein ähnliches Bild bietet sich bei den selbständigen Publikationen der Unterhaltungs- oder Fachliteratur.

Dem Problem der Übersetzung sind zwei Abhandlungen der Schweizer gewidmet. Von Breitinger stammt der vierte Abschnitt im zweiten Band der »Critischen Dichtkunst«: »Von der Kunst der Übersetzung«. An Beispielen aus Vergils »Aeneis« und Ciceros »Cato major« verdeutlicht er hier die verschiedenen Grade der „freyen Nachahmung" und der „gebundenen Übersetzung". In einem und demselben Kapitel zeigt sich der Verfasser traditionsgebunden und fortschrittlich zugleich. Auf der einen Seite sieht er – noch ganz im Sinne Christian Wolffs und Gottscheds – in den individuellen Sprachen ein System „gleich viel geltender Wörter und Redensarten, welche mit einander können verwechselt werden…, da sie alleine in Ansehung ihrer äußerlichen Beschaffenheit des Thones und der Figur von einander abweichen, sonst der Bedeutung nach mit einander völlig übereinstimmen" (»Crit. Dichtkunst«, II, S. 138). Die Übersetzung wäre demnach nichts weiter als ein Austausch von Tönen innerhalb eines einzigen Systems, ein Austausch mit dem Ziel, ein „Conterfey" (S. 139) herzustellen. Auf der anderen Seite nötigte ihn seine eigene Lehre von den „Idiotismis" zu gewissen Abweichungen. Dreißig Jahre vor Herders sprachphilosophischen Einsichten erkannte Breitinger bereits den unauflösbaren Zusammenhang von Sprache und Nationalcharakter. Er spricht von der „verschiedenen Gemüthes- und Gedenckens-Art ungleicher Nationen, welche sich nothwendig in die Art zu reden ergiessen" (ebda., S. 144). Jede „Mundart" hat nach seiner Ansicht „ihren eigentlichen und gantz besondern Charakter", den „ohne Verminderung des Nachdruckes und der Schönheit" (S. 143) wiederzugeben die eigentliche Aufgabe der Übersetzer ist. Vom schöpferischen Nachvollzug eines schon einmal geleisteten Schaffensprozesses, wie ihn Lessing in seinen ›Briefen, die neueste Literatur betreffend‹ forderte (vgl. den 332. Brief vom 27. Juni 1765), ist bei Breitinger noch nicht die Rede, wohl aber von einer „genauen Verstandes-Bekanntschaft" mit dem „ersten Urheber", von der „Einsicht in die Vollkommenheit seines Originals", ja sogar vom Einfühlen in „denjenigen Zustand, in welchem der ursprüngliche Verfasser gewesen war, da er sein Werck bey sich würcklich in das gehörige Geschicke gerichtet hatte" (»Crit. Dichtkunst«, S. 142). Die eigentliche Schwierigkeit des Übersetzens beruht nach Breitinger also auf der Wiedergabe der „Idiotismen".

Für Bodmer war das Übersetzungsproblem vor allem ein ästhetisches Problem. Exakte Wiedergabe war auch für ihn erstes Gebot. Der Aufsatz »Von der erforderten Genauigkeit beym Übersetzen« in den ›Mahlern der Sitten‹ gibt davon Zeugnis. Bodmer trifft hier die Unterscheidung zwischen wortgetreuer Wiedergabe eines Inhalts und ausdrucksstarker Übersetzung. Derjenige, dessen Geschäft die inhaltliche Vermittlung eines Textes ist, muß sich nur bemühen, „die in der Urschrift enthaltene Materie in einer andern Sprache der Welt einfältig mitzuteilen" (›Mahler‹, S. 521). Will er aber „nicht nur die Gedancken der Urschrift" wiedergeben, sondern „auch alle die Arten und Weisen, die der Urheber gebrauchte, seine Gedancken an den Tag zu geben..., so muß auch solches gantz genau bewerckstelliget werden..." (ebda.). Die Bereicherung der eigenen Sprache durch die einer andern Sprache eigenen „wesentlichen Schönheiten" (ebda., S. 513) steht immer wieder im Mittelpunkt von Bodmers Überlegungen.

Wie sorgfältig er seine eigenen Arbeiten „bewerckstelligte" zeigen die *Milton- und die Homer-Übersetzung Bodmers.* Mehr als fünf Jahrzehnte seines Lebens beschäftigte ihn Miltons »Paradise Lost« (1667). Bereits im Herbst 1723 hatte er den Entschluß gefaßt, das Epos zu übersetzen. Im Januar 1724 berichtete Breitinger dem Trogener Arzt Zellweger vom baldigen Abschluß der Arbeit. Doch die Drucklegung des Manuskripts stieß auf Schwierigkeiten. Die geistliche Zensurbehörde nahm Anstoß an der ungewöhnlichen Ausdrucksweise. „Die geistlichen Censores aber sehen es für eine allzu Romantische Schrifft an in einem so heiligen themate", wußte Moritz Füssli am 25. Januar 1725 zu berichten (Zehnder-Stadlin, S. 235). Erscheinen konnte das Werk aber erst 1732, und zwar, wie es auf dem Titelblatt heißt, „in ungebundener Rede". Fünf weitere Ausgaben wurden in den Jahren 1742, 1754, 1759, 1769 und 1780 in der Offizin des Zürchers Conrad Orell aufgelegt.

Im Gegensatz zu seinen Vorgängern (Theodor Haak: Übersetzung der Bücher I–III in reimlosen fünffüßigen Jamben; Ernst Gottlieb von Berge: Übersetzung in fünffüßigen Jamben, 1682) verzichtete Bodmer auf eine Übertragung in Versen. Ob künstlerisches Unvermögen oder grundsätzliche Erwägungen ihn diese Entscheidung treffen ließen, kann nicht mit Sicherheit gesagt werden. Wie unzufrieden er mit der eigenen Leistung war, zeigt die Tatsache, daß er immer wieder zu kritischer Überprüfung bereit war. Die Eingriffe in den Text sind dabei erheblich. Von Ausgabe zu Ausgabe verstärkt sich das Bemühen, dem Text Miltons möglichst nahe zu kommen. Kennzeichnend für Bodmers Verfahrensweise ist folgende stilistisch-syntaktische Tendenz: Umwandlung infiniter in finite Formen, wobei der Umwandlung der englischen Partizipialkonstruktionen in weitschweifige subordinierte Nebensätze besondere Bedeutung zukommt.

In einer 1967 erschienenen Abhandlung über Bodmers Milton Übersetzung (JDSG, XI, S. 229) wiesen wir auf Bodmers Handexemplar der editio princeps der Milton-Übersetzung hin. Dieses ist insofern von Bedeutung, als es neben zahlreichen Korrekturen des Übersetzers die Spur zu einem Manne weist, der sich an der Korrektur der Übersetzung aktiv beteiligte. Auf der Rückseite des Vorsatzblattes des Zürcher Exemplars (ZBZ, Sign. 304/304a) findet sich folgender Vermerk: „Emendationes grammaticas manu sui addidit Clauderus, magister Lipsiensis, a qui nonullas epistulas ad me scriptas conservavi". Tatsächlich verwahrt die Zentralbibliothek Zürich fünfzehn Briefe, die ein gewisser Johann Christoph Clauder aus Leipzig 1734 an Bodmer richtete. Clauder, 1701 in Naumburg geboren, war nach Mitteilung des Sächs. Landeshauptarchivs Dresden (Aktenband: Verpflichtungen u. Eidesformeln, Vol. II, 1733–63, Loc. 941, fol. 46, Loc. 2906, 1740–41; ferner: Besoldungen, Vol. VI, 1736–59, Loc. 940, fol. 152–156, 169) als kursächsischer Legationsrat und Verwalter des Kabinettsarchiv in Dresden tätig (vgl. unsere Ausführungen im ›Jb. d. Dt. Schillerges.‹, S. 241 ff.). Damit gehörte er jener Schicht von Hofleuten an, die für die Bildung des Geschmacks von großer Bedeutung waren.

Clauder war bekannt mit Johann Lorenz Mosheim, dem berühmten Prediger, und dem Hofrat Mascou. Ganz offensichtlich suchte also Bodmer um diese Zeit noch den sprachlichen Anschluß an den Kreis um Gottsched und seine Deutsche Gesellschaft. Wie Haller, der sich mit Hilfe des Arztes Werlhof aus Hannover der mundartlich gefärbten Stellen seines »Versuchs Schweizerischer Gedichten« (ebenfalls 1732 zuerst erschienen!) zu entledigen suchte, so geht es auch Bodmer um eine Anpassung an die obersächsischen Sprachgepflogenheiten. Die eindeutige Bevorzugung des „Altschwäbischen" trat erst sehr viel später in den Vordergrund.

Unter den sechs Milton-Ausgaben ist die zweite (1742) deshalb so wichtig, weil Bodmer in ihr „seine Antworten gleich unten an den Fuß des Textes" setzte, um das zu sagen, „was dienen konnte, den innerlichen Werth des Werkes, und die Kunst des Poeten in das gehörige Licht zu sezen" (Ausg. 1754, Einleitung, S. 35). Diese „Antworten" – Fußnoten also – sind insofern höchst lesenswert, als Bodmer sich hier mit Voltaires

Milton-Kritik (»Essay sur la poésie épique«, 1728) und CONSTAN-
TIN MAGNYS »Dissertation critique sur le Paradis perdu« (1729)
auseinandersetzte. Wie drei Jahre später Opitz das eigene Stilideal rechtfertigen sollte, so wollte Bodmer die Dichtung Miltons als nachahmenswertes Muster für epische Dichtung
schlechthin aufgefaßt wissen.

Klopstocks Forderung an die Dichter, das Herz zu erheben, wie
er sie in seinem Aufsatz »Von der heiligen Poesie« (1760) vorgetragen
hatte, war durch die Begegnung mit Miltons »Paradise Lost« in der
Bodmerschen Übersetzung entscheidend beeinflußt worden. In seinem bedeutsamen lateinischen Brief an den „Vater der Jünglinge"
vom 10. August 1748 vergleicht er Milton mit Homer. Die Kenntnis
Miltons verdankte er einzig und allein Bodmer (Abdruck des Briefes
in Klopstock: »Sämmtl. sprachwissenschaftliche u. ästhetische
Schriften«, hrsg. von Back u. Spindler, Bd. 6, 1830, S. 1–4).

Mit dem Hinweis auf Homer rechtfertigte Bodmer seine
Eingriffe in das »Nibelungenlied« (vgl. S. 39). Das Nebenein-
ander so verschiedener Welten war an sich nichts Neues. Wie
Bodmer Griechisches und Altdeutsches in einer für uns heute
bedenklichen Weise miteinander verquickte, hatte fast hundert
Jahre vorher Anna Dacier im »Préface« zu ihrer Ilias-Übertra-
gung (1669) die Welt der homerischen Helden und der Patriar-
chen ungeniert ineins gesetzt.
  Die intensive Beschäftigung Bodmers mit Homer begann in
den frühen fünfziger Jahren. Er arbeitete langsam. Vom 2. Oktober 1755 stammt ein Brief Gessners an Gleim, in dem es
heißt: „Ich habe schon oft Herrn Bodmer zu bereden gesucht,
den Homer zu übersetzen, da er schon so gute Proben in den
neuen Fragmenten geliefert hat" (Körte, S. 247). Gemeint sind
Bodmers ›Fragmente in der erzählenden Dichtart‹ (1755), in
die vier Stücke aus der »Odyssee« aufgenommen wurden. Es
folgten 1760 in einem separaten Druck die Gesänge IV und VI,
1767 im zweiten Band der ›Calliope‹ die Gesänge I–VI der
»Ilias«. Aber erst 1778 erschien die zweibändige große Homer-
Ausgabe.
  Es ist ein Leichtes, dem Übersetzer einen ganzen Katalog von Irrtümern und sprachlichen Verfehlungen nachzuweisen:
  Bodmer kürzt in bedenklicher Weise; dennoch fehlt es nicht an
überflüssigen Zusätzen. Anstatt sich die stereotypen, formelhaften
Wörter und Verse Homers zu eigen zu machen, versucht er sich in
Variationen. Wieland gibt im »Agathon« (I, 5, 1. Fassung) Homers
ῥοδοδάκτυλος 'Ηώς formelhaft mit „rosenfingrichte Aurora" wieder;
Bodmer bringt für die Wendung fast ein Dutzend Variationen (z.B.

»Ilias« 6, 175: „der Morgen mit röslichen Fingern"). Kaum sprech-
bare Daktylen finden sich ebenso wie halbe Hexameter. Zäsuren fehlen.

Das alles ist belegbar und dennoch ist Bodmer gewiß „der
hervorragendste Homerübersetzer aus der Epoche vor Win-
ckelmann und Herder" (E. Schmidt, S. 64). Wie ernst er seine
Aufgabe nahm, beweisen seine Aufsätze zu Homer in den ›Litterarischen Denkmalen‹ (1779). Dort liest man: »Ich denke
immer, die größte Schwierigkeit komme dem Übersetzer von
Homers unnachahmlicher Einfalt" (›Schwierigkeiten den Homer zu verdeutschen‹, in: LD, S. 51 ff.). Wie sehr eben diese
»Einfalt«, die er dem eigenen »goldlockigten und schmachten-
den« Zeitalter (ebda.) entgegenhielt, seinen ästhetischen Vorstellungen entsprach, wird noch zu klären sein.

WIELAND rezensierte Bodmers Übersetzung 1778 im ›Teutschen
Merkur‹: „Das große Verdienst des teutschen Dichters ist, daß er
seinem Original selten einen Nebenbegriff unterschiebt." Kein Ge-
ringerer als HERDER spendete Bodmer hohes Lob. In einer ausführlichen Fußnote zu den ›Volksliedern‹ dankte er ihm: „Darf ich hier
... ein ziemlich verkanntes Geschenk unsrer Sprache, einen Nach-
gesang Homers, wenn nicht von seinem Freunde und Mitsänger, so
doch gewiß von seinem ehrlichen Diener, der ihm lange die Harfe
getragen, rühmen: es ist die *Uebersetzung Homers von Bodmer*. Freilich leidet sie, wie keine Uebersetzung auf der Welt, Vergleichung mit
dem Urgesange; ... Dies abgerechnet, wie man bei jedem menschlichen Werk, und bei Homers Uebersetzung gewiß, etwas abrechnen
muß, wird man, dünkt mich, auf jeder Seite den Mann gewahr, der
mit seinem Altvater viele Jahre unter Einem Dache gewohnt und
ihm redlich gedient hat. Die Odyssee insonderheit war ihm, so wie
uns allen näher, und ist viele Gesänge durch gar hold und vertrau-
lich. – Dies ist meine Meinung und etwa ein kleiner Dank für das
Werk" (Sämtl. Werke, hrsg. von B. Suphan, Bd. 25, S. 315).

Übersetzen bedeutete Bodmer niemals Erfüllung eines
Selbstzweckes. SAMUEL BUTLERS »Hudibras« (1663–78) und
ALEXANDER POPES »Dunciade« (1728–42) kamen ihm gerade
recht im Kampf gegen Ignoranz und Orthodoxie. Vermittelt
wurden ihm die Texte durch seinen Freund Zellweger, der ihn
auch auf Milton aufmerksam gemacht hatte. Aus Butlers »Hudibras« zitiert er schon am 12. Januar 1729 in einem Brief an
J. M. v. Löen. Wenn man die Engherzigkeit bedenkt, mit der
die Zensurbehörde die ›Discourse‹ oder die Milton-Übersett-
zung aufgenommen hatte (vgl. S. 25 f., 45), wird einem klar, warum Bodmer die englischen Knittelverse des Butlerschen komi-

schen Epos reizen mußten: hier führen der Held Hudibras, ein Vertreter der Presbyterianer, und sein Knappe Ralpho, der Independente, die puritanischen Anschauungen ad absurdum. Bodmers Übersetzung erschien 1737. Sie umfaßt jedoch nur die Cantos I und II des ersten Teils.

In der literarischen Auseinandersetzung mit Leipzig lieferte ihm Popes Blankvers-Satire, »The Dunciad«, willkommene Waffen; denn wer hinter jener Ausgeburt von Dummheit steckte, die unsterblich, weil göttlich, ist – „Da von Geburt sie eine Göttin ist, / So kann die Dummheit nicht zu Grunde gehn" (I, Vers 19f.) –, läßt sich leicht erraten. Popes Gefecht gegen elende Skribenten wollte Bodmer gleichzeitig als Verächtlichmachung Gottscheds und seiner Anhänger gedeutet wissen. Die Übersetzung stützt sich auf die erste, kürzere Fassung von Popes Satire (1728) und besteht aus drei Büchern: »Der gesalbte Barde«, »Die Turnierspiele der Dummheit«, »Gesicht von der künftigen Herrlichkeit des Reiches der Dummheit«. Sie erschien 1747 noch während der Literaturfehde mit Leipzig.

Literatur

Texte

a) Von BODMER veranstaltete Übersetzungen:

»Johann Miltons Verlust des Paradieses. Ein Heldengedicht. In ungebundener Rede übersetzet«. 1732. – Weitere Ausgaben 1742, 1754, 1759 (stimmt weitgehend mit der von 1754 überein), 1769, 1780 (stimmt bis auf einige orthographische Abweichungen mit der von 1769 überein). Vgl. Textausgaben, S. 5. Im Anhang zu dem von BENDER herausgegebenen Neudruck (DN, Reihe 18. Jahrh.) eine Darstellung der Textgeschichte.

»Versuch einer Deutschen Übersetzung von Samuel Butlers Hudibras, Einem Satyrischen Gedichte wider die Schwermer und Independenten, zur Zeit Carls des Ersten«. 1737. – Dazu erschien eine Besprechung in Gottscheds ›Beyträgen zur Critischen Historie‹ 17. Stück (1737), S. 167–176.

»Alexander Popens Duncias mit Historischen Noten und einem Schreiben des Uebersezers an die Obotriten« [d.h. die Bewohner von Sachsen, Gottsched und seine Anhänger, Anm. d. Verf.]. 1747.

›Fragmente in der erzaehlenden Dichtart; Von verschiedenem Innhalte. Mit einigen andern Gedichten‹. 1755.
Darin: »Des Ulysses Wiederkunft zu seinem Vater«, S. 1–8 – »Telemachs Besuch bei Nestor«, S. 9–14 – »Telemach bei Menelaus«, S. 15–27 – »Des Ulysses Abschied von der Kalypso«, S. 28–28.

»Vierter Gesang; und Sechster Gesang der Ilias. In Hexametern übersetzt«. 1760. – *Besprechung* in NICOLAIS ›Bibliothek der schönen Wissenschaften u. d. freyen Künste‹ Bd. 2, Stück 2, S. 303–323.

›Calliope von Bodmern‹. 2 Bde. 1767.

    Darin (Bd. 2): »Die geraubte Helena. Von Coluthus«, S. 1–19 –
    »Die geraubte Europa. Von Moschus«, S. 20–32 – »Die sechs
    ersten Gesänge der Ilias«, S. 157–306.

»Homers Werke. Aus dem Griechischen übersetzt von dem Dichter
    der Noachide«. 2 Bde. 1778. – Vgl. dazu die *Besprechung* von WIE-
    LAND in: ›Der teutsche Merkur‹ 1778, S. 282–285; ferner JOH.
    GOTTFRIED HERDER in den ›Volksliedern‹ (Sämtl. Werke, hrsg.
    von B. Suphan, Bd. 25, S. 315).

»Die Argonauten des Apollonius« [d. i. A. Rhodius]. 1779.

›Literarische Denkmale von verschiedenen Verfassern‹. 1779.

    Darin: »Juvenals fünfzehnte Satyre«, S. 87–92 – »Der Aeneis
    erster Gesang«, S. 128–151.

»Jakob Beym Brunnen. Ein Schäferspiel des Lemene«. 1780. – Über-
    setzung von Francesco Lemenes »Giacobbe al fonte, Dialogo per
    musica«. 1700.

b) Abhandlungen und Bemerkungen zu Problemen der Übersetzung:

Von BREITINGER stammen folgende Titel:

›Sammlung Critischer, Poetischer, und andrer geistvollen Schriften,
    Zur Verbesserung des Urtheils und des Wizes in den Wercken der
    Wolredenheit‹. 1741–44.

    Darin: »Abentheuer, das sich mit der Aeneis Hrn. Joh. Christoph
    Schwartzen in Conrector Erlenbachs Schule zugetragen. Stück 7
    (1743), S. 81–90.« – „Erlenbach" ist ein Pseudonym Breitingers.
    Satire gegen die von Gottsched empfohlene Aeneis-Übersetzung
    von Schwarz. – »Wohlgemeinter Vorschlag, wie ... Schwartzen
    deutsche Aeneis von dem Gerichte der Makulatur noch zu erretten
    wäre«. Stück 8 (1744), S. 33–53. – »Genaue Prüfung Der Gott-
    schedischen Uebersetzung Horazens Von der Dichtkunst«. Stück
    9 (1744), S. 75–105.

»Critische Dichtkunst«. 2 Bde. 1740.

    In Bd. 2: »Von der Kunst der Uebersetzung«, S. 136–199.

Von BODMER stammen folgende Beiträge:

›Der Mahler Der Sitten‹. 2 Bde. 1746.

    Darin: »Von der erforderten Genauigkeit beym Uebersetzen«.
    Bd. 2, 94. Blatt, S. 512–524.

›Literarische Denkmale von verschiedenen Verfassern‹. 1779.

    Darin: »Homers edle Einfalt«, S. 20–36. — »Schwierigkeiten den
    Homer zu verdeutschen«, S. 51–62.

Darstellungen:

OTTO FRIEDRICH GRUPPE: Deutsche Übersetzungskunst, mit beson-
    derer Rücksicht auf die Nachbildung antiker Maße. 1859.

MICHAEL BERNAYS: Einleitung zu: Homers Odyssee von J. H. Voss.
    Abdruck der ersten Ausgabe vom Jahre 1781, mit einer Einleitung
    von Michael Bernays. 1881. – Vgl. dazu die *Rezension* von ERICH
    SCHMIDT in: ZfdA 26, NF 14, 1882, S. 52–87.

ADALBERT SCHRÖTER: Geschichte der deutschen Homerübersetzung im 18. Jahrhundert. 1882.

GUSTAV JENNY: Miltons verlornes Paradies in der deutschen Literatur des 18. Jahrhunderts. 1890.

HANS BODMER: Die Anfänge des zürcherischen Milton. In: Studien zur Litteraturgeschichte, Michael Bernays gewidmet. 1893, S. 177 bis 199.

EMIL SULGER-GEBING: Dante in der deutschen Literatur des 18. Jahrhunderts. In: Zs. f. vergl. Literaturgesch., NF 9 (1896), S. 457–490.

GEORG FINSLER: Homer in der Neuzeit von Dante bis Goethe. 1912.

JAKOB SCHMITTER: Bodmers Übersetzungen von J. Miltons Verlorenem Paradies 1732. 1742. 1754. 1759. 1769 sprachlich verglichen. Diss. Zürich 1912/13.

ENRICO PIZZO: Miltons Verlorenes Paradies im deutschen Urteil des 18. Jahrhunderts. 1914 (= Litterarhistorische Forschungen, hrsg. v. J. Schick und Max Frhr. v. Waldberg, 54).

HERMANN ULLRICH: Deutsche Miltonübersetzungen vom 18. Jahrhundert bis zur Gegenwart. In: Euphorion 29 (1928), S. 479–483.

HANS-GEORG SCHULZE: Miltons »Verlorenes Paradies« im deutschen Gewand. Diss. Bonn 1928.

LEOPOLD MAGON: Die ersten drei Versuche einer Übersetzung von Miltons »Paradise Lost«. In: Gedenkschrift für Ferdinand Josef Schneider. 1956, S. 39-82.

ALFRED OWEN ALDRIDGE: Le Problème de la traduction au 18e siècle et aujourd'hui. In: Revue belge de philologie et d'histoire, 39 (1961), S. 747–758.

THOMAS HUBER: Studien zur Theorie des Übersetzens im Zeitalter der Aufklärung. 1730–1770. Princeton Univ. Diss. 1965 (= DA 26, 1966, 3953).

EDNA PURDIE: Some problems of translation in the 18th century in Germany. In: E. P.: Studies in German Literature of the 18th century. 1965. S. 111–131.

GERD PLÜCKEBAUM: »Von der erforderten Genauigkeit beym Uebersetzen.« In: Arcadia I (1966), S. 210–212.

HELMUT KNUFMANN: Das deutsche Übersetzungswesen des 18. Jahrhunderts im Spiegel von Übersetzer- und Herausgebervorreden. In: Börsenbl. f. den dt. Buchhandel, 23 (1967), S. 2676–2716.

WINFRIED SDUN: Probleme und Theorien des Übersetzens in Deutschland vom 18. bis zum 20. Jahrhundert. 1967.

5. Editionen neuerer deutscher Texte

Fanden Bodmers und Breitingers Bemühungen um die Entdeckung und Anerkennung mittelhochdeutscher Literaturdenkmäler immerhin noch einige Beachtung, so scheint ihre Tätigkeit als Herausgeber neuerer deutscher Texte in Vergessenheit geraten zu sein. Dabei ist die Zahl der von ihnen edierten Texte keineswegs klein: 1732 gab Bodmer den wichtigen Vergleich zwischen italienischer und französischer Tragödienauffassung heraus, den sein Briefpartner PIETRO DEI CONTI DI CALEPIO aus Bergamo geschrieben hatte (vgl. S. 79 ff.). Der Wunsch, einen größeren Leserkreis mit einigen Werken seines streitbaren Landsmannes GOTTHARD HEIDEGGER (1666–1711) bekanntzumachen, bewog Bodmer dazu, den Auswahlband ›Gotthard Heideggers kleinere deutsche Schriften‹ zu besorgen (1732). Die sprachlichen Korrekturen, die er an dem merkwürdig altväterlichen Schweizerdeutsch des bekannten reformierten Theologen vornahm (Bodmer läßt sich im Vorwort darüber aus), lassen sich nur im Hinblick auf den Wunsch nach weiter Verbreitung des Bandes verstehen. Der für uns interessanteste Traktat Heideggers, die »Mythoscopia Romantica«, jene 1698 erschienene Philippika gegen die »so benanten Romans" fehlt allerdings in der Auswahl (W. E. Schäfer gab sie, ergänzt durch detaillierte Erläuterungen und ein ausführliches Nachwort, 1969 heraus).

In der Lyrik des Diplomaten und Staatsmannes FRIEDRICH LUDWIG VON CANITZ sahen beide Zürcher ein Muster klaren und „artigen" Stils. Der Band mit dem Titel »Des Freiherrn von Canitz satirische und sämmtliche übrige Gedichte« erschien 1737. Die Ausgabe zeichnet sich durch Texttreue aus. Es folgten 1744 die von Bodmer leicht überarbeiteten und bevorworteten Fabeln des LUDWIG MEYER VON KNONAU (vgl. S. 77), 1745 die Sammlung »Thirsis und Damons freundschaftliche Lieder«, 1746 die Ausgabe einer kleinen, von JOH. ADOLF SCHLEGEL verfaßten Schrift »Vom Natürlichen in Schäfergedichten« und schließlich 1749 eine Ausgabe der Epigramme CHRISTIAN WERNICKES.

Auf die Bedeutung MARTIN OPITZ' für die Stilhaltung der Schweizer machten wir aufmerksam. 1745 erschien in Zürich bei Orell eine lange vorbereitete Ausgabe »Martin Opitzens Von Boberfeld Gedichte«. Es war der erste und einzige Band der auf mehrere Teile geplanten Ausgabe des verehrten Schlesiers. Erst neuerlich stellte Helmut Henne die Ausgabe als bemerkenswertes Dokument in der Entwicklungsgeschichte der Edition neuerer deutscher Texte gebührend heraus. Er erkannte klar ihre Stellung im „vorkritischen" Stadium der Textkritik („vorkritisch" nach H. W. Seiffert in: ›Reallexikon d. dt. Lit.gesch.‹, ²1958, S. 316). Die Herausgeber, Bodmer und Breitinger, wählten das chronologische Einteilungsprinzip und zogen bei der Erstellung des Textes alle zeitgenössischen Ausgaben Opitzens heran. Druckvorlage war die Ausgabe letzter Hand (Frankfurt/M. 1638–44).

Indem sie zusammenhängende Textänderungen auch zusammenhängend abdruckten, ermöglichten sie den Einblick in die von Opitz vorgenommenen metrischen und syntaktischen Korrekturen. Im allgemeinen zeichnet sich die Ausgabe durch eine Texttreue aus, wie sie damals durchaus nicht gang und gäbe war. Das zeigt ein Vergleich mit dem Abdruck von Opitz-Texten in der „dritten und vermehrten Auflage" von Gottscheds »Versuch einer Critischen Dichtkunst« (1742, bes. S. 647–660). Am Beispiel des »Lobgedichts An die Königliche Majestät zu Polen und Schweden« und des »Lobes des Feldtlebens« weisen Bodmer und Breitinger ihrem Leipziger Kontrahenten Verstöße nach, die geeignet sind, den Sinn der Texte zu entstellen (Druckfehler, Korrekturen im Sinne der Sprachauffassung des Herausgebers, Mißverständnisse usw.). Freilich halten auch die angeblich bloß „orthographischen" Änderungen der Schweizer einer kritischen Prüfung kaum stand. Sie sprechen in der »Vorrede der Herausgeber« davon, daß sie den Texten „die gewöhnlichste Orthographie unserer Zeit leihen dürfen" (Bl. A6^v). Die scheinbar harmlosen Eingriffe erweisen sich am Ende aber auch als Eingriffe in den Lautstand und die Wortbildung.

Wenn man Bernhard Seuffert (»Prolegomena zu einer Wieland-Ausgabe. III. IV.« In: ›Abhandlungen der Kgl. Preuß. Akad. d. Wiss. 1905; Abh. nicht zur Akad. gehöriger Gelehrter. Philos.-histor. Abh. II‹, S. 57–61) das Verdienst zuschreibt, den essentiellen Unterschied zwischen Lesarten zu Texten mittelalterlicher und zu denen neuerer Literatur aufmerksam gemacht zu haben, so hat er doch in Bodmer und Breitinger seine Vorläufer. Den Unterschied zwischen Überlieferungs- und Entstehungsvarianten hoben die Zürcher zum erstenmal hervor. In der bereits erwähnten »Vorrede« lesen wir folgendes: „Man muß diese so beschaffenen Lesarten mit den *Variantibus* der Classischen Ausleger nicht vermischen; denn dieselben sind würckliche Schreibarten des Verfassers, welche er aus besondern Ursachen von Zeit zu Zeit verändert hat: Die Classischen *Variantes* sind bloß Fehler der Abschreiber, oder gelehrte Muthmassungen der Ausgeber, und diese sind durch den dunckeln Fleiß der letztern so starck gehäuft worden, daß man jetzo die allerersten Auflagen der Classischen Autoren für die correctesten hält, weil sie am wenigsten corrigiert worden" (Bl. A6^r). Sichtbar machen wollten die Zürcher hingegen die Genese des abgedruckten Textes. „Nichtsdestoweniger haben wir die Lesarten der übrigen Auflagen nicht aus der Acht gelassen", heißt es im Hinblick auf die Ausgabe letzter Hand, „weil wir wahrgenommen, daß sie nicht wenig dieneten, den Wachsthum, den Opitz in seiner Kunst ... von Zeit zu Zeit genommen hat, zu bemerken zu geben" (Bl. 5^v).

Noch einmal sahen sich Bodmer und Breitinger zur Verteidigung Opitzens aufgerufen. Das war 1746, als ein Anhänger Gottscheds, DANIEL WILHELM TRILLER, eine vierbändige Ausgabe herausbrachte: »Martin Opizen von Boberfeld Teutsche Gedichte, in vier Bände abgetheilet, Von neuem sorgfältig übersehen ... allenthalben fleißig ausgebessert, mit nöthigen Anmerckungen erläutert ... MDCCXXXXVI«. Nach Hennes Vermutungen ließ sich diese Trillersche Ausgabe weit besser verkaufen als die von Bodmer und Breitinger veranstaltete. In der Schmähschrift »Der Gemißhandelte Opiz« (1747) rechneten sie mit den Sünden Trillers unerbittlich ab: „Wir finden keine Sorgfalt bey ihm, dem Poeten auf die Spur zu gehen, aus was vor Quellen er seine Gedichte hervorgeholet, was er sich vor einen Plan bey jedem gemacht, was vor Arten von Schönheiten er in jedem besondern Orte gesucht, und durch was vor Wege er dieselben hervorgebracht habe" (5. Abschnitt, S. 45). Verständlich wird ihre Verärgerung, wenn man bedenkt, daß sie ja ihrerseits in einer Fülle von Anmerkungen versuchten, ihre eigenen ästhetischen Anschauungen zu stützen. Gerade in diesem „literaturtheoretischen Ballast" sieht Henne (S. 196) mit Recht ein entscheidendes Hindernis für die Würdigung der Opitz-Ausgabe in den folgenden Jahrzehnten und Jahrhunderten.

Auf dem Buchmarkt war der Ausgabe kein Erfolg beschieden. Immerhin gehörte aber Lessing zu ihren Kritikern. Er bemerkte: „Daß die vortreffliche Schweizerische Ausgabe des Opitz durch die Dazwischenkunft der elenden Trillerschen ins Stecken geraten, ist ein wahrer Verlust für die deutsche Litteratur. Ihr größter Vorzug bestehet darinn, daß ihre Besorger eine Menge den Sinn verstümmelnder Fehler, welche sich in den letzten Ausgaben eingeschlichen hatten, durch Gegeneinanderhaltung mit den ersten Original Abdrücken verbeßert haben" (»Sämtliche Schriften...,« 3. Aufl. besorgt durch Franz Muncker, Bd. 15, S. 332f.).

Literatur

Von Bodmer und Breitinger veranstaltete Editionen:
a) Von Bodmer und Breitinger gemeinsam herausgegeben:
»Martin Opitzens Von Boberfeld Gedichte. Von J. J. B. und J. J. B. besorget. Erster Theil.« 1745.
Dazu ergänzend das Pamphlet:
»Der Gemißhandelte Opiz in der Trillerischen Ausfertigung seiner Gedichte.« MDCCXLVII.
Vermutlich von Bodmer und (namentlich) Breitinger herausgegeben:
»Vom Natürlichen in Schäfergedichten, wider die Verfasser der Bremischen neuen Beyträge verfertigt vom Nisus einem Schäfer in den Kohlgärten einem Dorfe vor Leipzig. Zweyte [d.h. erste, Anm. d. Verf.] Auflage, besorgt und mit Anmerkungen vermehrt, von Hanns Görgen gleichfalls einem Schäfer daselbst«. 1746. - Verf. ist Joh. Adolf Schlegel. Vgl. dazu den Briefwechsel in Bodmers ›Litterar. Pamphleten‹, S. 73 ff.

b) Von Bodmer allein herausgegebene Texte:
»Paragone della poesia tragica d'Italia con qvella di Francia.«
MDCCXXXII. – Verf. ist Pietro dei Conti di Calepio aus Bergamo
(vgl. S. 79 ff.). Vetter, »Bibliographie«, S. 401, verweist auf eine
Neue Auflage 1770. Vgl. ferner Oskar Walzel in ›AfdA‹ 17 (1891),
S. 58 ff.
»Gotthard Heideggers kleinere deutsche Schrifften«. 1732.
»Des Freiherrn von Canitz satirische und sämmtliche übrige Ge-
dichte, mit einer Vorrede von der Dichtart des Verfassers«. 1737.
»Ein halbes Hundert Neuer Fabeln. Durch L.M.v.K. Mit einer Cri-
tischen Vorrede des Verfassers der Betrachtungen über die Poeti-
schen Gemählde«. 1744. – Vgl. S. 77. Eine zweite, vermehrte u.
vom Verf. illustrierte Ausgabe erschien 1754, eine dritte, mit er-
weiterter Vorrede 1757.
»Thirsis und Damons freundschaftliche Lieder«. 1745. – eine zweite,
vermehrte Aufl. erschien 1749. Verf. waren Pyra und Lange. Einen
Neudruck besorgte August Sauer in: DLD 18. Jh., Bd. 22 (1885).
»N.Wernikens, ehemaligen Königl. Dänischen Staatsraths, und Re-
sidenten in Paris, Poetische Versuche in Ueberschriften; Wie auch
Helden- und Schäfergedichten. Neue und verbesserte Auflage«.
1749. – 2. Aufl. 1763.

Darstellungen
HELMUT HENNE: Eine frühe kritische Edition neuerer Literatur. Zur
Opitz-Ausgabe Bodmers und Breitingers von 1745. In: ZfdPh. 87
(1969), S. 180–196.
Wir verweisen darüber hinaus auf die größeren Arbeiten zur Edition
neuerer deutscher Texte von MANFRED WINDFUHR (in: DVjs 31,
1957), HANS WERNER SEIFFERT (Berlin 1963) und FRIEDRICH BEISS-
NER (ZfdPh. 83, 1964, Sonderheft).

6. Bodmers dichterische Versuche

a. Dramen

Das vernichtende Urteil, das Heinrich Wilhelm von Gerstenberg 1762 in der ›Bibliothek der schönen Wissenschaften und der
freyen Künste‹ über drei Trauerspiele Bodmers fällte, wurde
seither immer wieder bestätigt. Gerstenberg war der Überzeugung, hier werde „das Talent durch moralisches Blendwerk"
ersetzt (ebda., S. 325). Anstatt einer Handlung werde „ein ganzes System von Gesprächen" (S. 326) auf die Bühne gebracht.
Selbst Jakob Baechtold, dem die Forschung bis heute die ge-
wichtigsten Beiträge zu Bodmer verdankt, nannte die dramatische Produktion seines Landsmannes „kindisch albern"
(GDLS, S. 646). Eine Rettung des „Dichters" Bodmer wäre
kaum zu rechtfertigen, wohl aber der Versuch gerechter und

überlegter zu urteilen, als das in der Forschung bisher der Fall war.

Abgesehen von einem jugendlichen Versuch, dem in fünffüßigen Jamben abgefaßten Fragment »Marc Anton und Kleopatra Verliebung« (1729), setzte Bodmers Dramenproduktion in den frühen fünfziger Jahren ein. Die letzten Arbeiten datieren von 1778. Fünf Gruppen lassen sich aus den vierzig gedruckten Dramen aussondern: die weitaus meisten (20) lehnen sich in ihrer Stoffwahl an die griechisch-römische Geschichte an; die griechischen Tragiker und Homer waren hier Vorbild für Bodmer. Daneben finden sich in den römischen Tragödien zahlreiche Reminiszenzen aus Shakespeare. Das geht, etwa im »Marcus Brutus« (1768) bis zu wörtlichen Textentlehnungen. Teils der deutschen, teils der englischen und der italienischen Geschichte und literarischen Überlieferung ist eine zweite Gruppe von Dramen verpflichtet. Dazu gehört eine mit Wielands »Johanna Gray« (1758) gleichnamige Tragödie von 1761 ebenso wie ein nationales Drama »Karl von Burgund« (o. J. [1769]) oder der vor Gerstenbergs »Ugolino« entstandene »Hungerthurm in Pisa« (1769). Die schweizerische Geschichte ist Gegenstand von fünf Dramen. Neben dem Tell-Stoff war der Brudermord im Hause derer von Toggenburg (1256) reizvoll für Bodmer. Der äußere Anlaß für das Trauerspiel »Friedrich von Tokenburg« (1761) war sehr wahrscheinlich ein Preisausschreiben Nicolais in der ›Bibliothek der schönen Wissenschaften und der freyen Künste‹. Auch das Toggenburg-Drama erweist sich als Frucht von Bodmers Shakespeare-Lektüre (»Macbeth«). Klopstocks »Tod Adams« (1757) könnte durchaus den Anstoß zur vierten und fünften Gruppe, den biblischen und religiösen Dramen gegeben haben. »Der Tod des ersten Menschen« (konzipiert 1763, gedruckt 1778) ist jedenfalls nicht ohne das Klopstocksche Muster denkbar. Wenn der sterbende Adam am Ende des gänzlich handlungsarmen Dramas zwei Seiten aus Klopstocks »Messias« rezitiert, dürfte das ein Beweis für die Abhängigkeit des Zürchers vom »Messias«-Dichter sein.

Getadelt wurde immer wieder die Handlungsarmut der Bodmerschen Dramen. Verständlich wird ihr eigentümlich statischer Charakter nur, wenn man von den Prämissen ihres Verfassers ausgeht. Setzt man den seit Lessing und dem Sturm und Drang geläufigen Begriffskanon als einzig zulässigen Ausgangspunkt fest, so muß sich dem Kritiker der Blick von vornherein verengen.

Dem »Brief-Wechsel von der Natur des poetischen Geschmackes« (1736. Vgl. S. 79 ff.) fügte Bodmer eine „Untersuchung" über das Erhabene im Trauerspiel hinzu. Hier gab er im Sinne Corneilles der Charakterdarstellung den Vorrang vor der Aktion. Es leuchtet ein, daß er damit im schroffen Gegensatz zu den ästhetisch-dramaturgischen Tendenzen seiner Zeit stand. Die Wirkung der Darstellung ist nach seiner Ansicht abhängig vom Grade der Tugendhaftigkeit des Helden. Nur der tugendhafte Held vermöge dem Leser oder Zuschauer Bewunderung einzuflößen. Genau diesen Affekt lehnte aber Lessing ab: „Sie [die Bewunderung] ist ein angenehmer Affekt, gut; aber kann ihr dieses die vornehmste Stelle in einem Trauerspiele verdienen?" (Briefwechsel mit Mendelssohn und Nicolai über das Trauerspiel, hrsg. von Robert Petsch, 1910, S. 80).

Welche Tugenden Bodmer darstellenswert erschienen, liegt nach dem in Kapitel III, A, B, C Gesagten klar auf der Hand. Dem Republikaner und Patrioten, dem Gründer einer ›Historisch-politischen Gesellschaft‹ boten sich die Verteidiger politisch-religiöser Freiheiten oder die Repräsentanten moralisch integerer Gesinnung, große Seelen aus der antiken, biblischen oder nationalen Überlieferung oder deren negative Gegenbilder als einzig würdige ‚Handlungsträger' an: Julius Cäsar, Marcus Tullius Cicero, natürlich Cato d. Ä., Lady Johanna Gray, Wilhelm Tell, Josef und seine Brüder, Arnold von Brescia, der Führer einer republikanischen Partei im päpstlichen Rom. Der politischen Abstinenz vieler Dichter seiner Zeit stand Bodmer mißtrauisch gegenüber. Sein abfälliges Urteil über die dramatische Produktion seiner Zeitgenossen ist belächelt worden. An Johann Heinrich Schinz, den Pfarrer von Altstetten, schrieb er am 1. Mai 1776: „Wie lehrreich, wie erleuchtend, ... wie erhaben könnten Lessing, Göthe, Engel das Drama machen... Freylich müssten sie dann in der dramatischen Form bloss für den Leser und nicht für die Zuseher schreiben. Sie müssten dann zufrieden seyn, daß sie die Seele erhöheten. Aber sie wollen die Leute lieber in Convulsionen, wollüstige Leidenschaften sezen, die sie aus sich selbst äussern" (ediert von Johannes Crüger in: ›Goethe-Jahrb.‹ 5, 1884, S. 201). An solchen Stellen tritt die Wesensverwandtschaft Bodmers mit jenem streitbaren Manne zutage, der 1698 gegen die Romane der Zeit gewettert hatte, Gotthard Heidegger, dessen kleine Schriften er 1732 herausgegeben hatte (vgl. S. 54).

Dem politischen oder historischen Faktum, dem lehrreichen Exempel gebührte aber nach Bodmers Ansicht der Vorrang vor „Convulsionen" und „wollüstigen Leidenschaften". Daß der leidenschaftliche Kritiker seinerseits die dramatischen Tendenzen seiner Zeitgenossen sehr einseitig charakterisierte, daß er seinen eigenen Standpunkt nur durch schwache Muster unterbaute, tut hier nichts zur Sache. Bodmers Äußerungen über Lessing, Herder, Goethe und den Berliner Kreis um Nicolai muß man nicht nur als Zeichen gekränkter Eitelkeit auffassen, sondern auch als Zeichen „tiefer gehender geistiger Unterschiede" (Joh. Crüger, ebda., S. 179).

Die politische, moralische und religiöse Unterweisung des Bürgers ist geradezu die vornehmste Pflicht des Dichters. „Es ist gewiß", heißt es im Juni 1768 in einem Brief an Schinz, „wenn die Athener nicht politische und moralische Kenntnisse gehabt…, daß sie Euripides und Sophokles und Aeschylus tragischen und moralischen und politischen Ernst nicht ohne Langeweile und Verdruß gehört hätten" (ZBZ, MsB 7). Und noch einmal forderte er im Januar 1775 – wiederum in einem Brief an Schinz – vom Drama „eine ausgezeichnete Beziehung auf unsren Staat, unser Recht, unsre Geschichte" (ebda.).

Es bleibt anzumerken, daß Bodmer selber nie an eine Aufführung seiner Dramen gedacht hat. Immerhin boten diese *Lesedramen* – und nur als solche wollte er sie verstanden wissen – dem politischen Menschen Bodmer die Möglichkeit eine Zensurbehörde zu umgehen, deren Aktivität seit den Tagen, da er gemeinsam mit Breitinger die »Discourse« herausgegeben hatte, kaum abgenommen hatte. „Ich wußte wohl", vermerkte er rückblickend, „daß unsere Zeiten nicht litten, daß Unterthanen oder Bürger sich versammelten, um gemeinschaftlich und darum desto stärker die Würde und die Rechte des Menschen zu fühlen" (»Persönliche Anekdoten«, in: Zürcher Tb., NF 15, 1892, S. 114).

b. Biblische und historische Epen

Die Lektüre von Miltons »Paradise Lost« und der ersten drei Gesänge des »Messias« (1748) haben Bodmer zu seinen zahlreichen epischen Dichtungen angeregt. Wiederum heißt es in jenem Rechenschaftsbericht, den »Persönlichen Anekdoten«: „Klopstock erfüllte mich durch die ersten Gesänge seiner Messiade mit dem zuversichtlichsten Vertrauen, daß ein goldenes Alter angebrochen sey" (ebda., S. 111). Das goldene Zeitalter biblischer Poesie kam freilich nicht von ungefähr. Erinnert sei hier an die religiösen Ependichtungen Wielands (»Der gepryfte Abraham«, 1753) und Naumanns (»Nimrod« 1752; 8000 Hexameter). Salomon Gessners »Tod Abels« (1758) gehört mit in diesen Zusammenhang, obwohl hier die epische Darbietungsweise zugunsten der Prosa aufgegeben wird. Daß sich ausgerechnet auf schweizerischem Boden das religiöse Epos, die Patriarchade, einer allgemeinen Schätzung erfreute, hängt ganz sicher mit dem privaten Frömmigkeitskult in der Umgebung des reformierten Bekenntnisses zusammen. Wie stark darüber hinaus die Fäden sind, die die Patriarchaden mit den Erbauungsschriften des 17. Jhs verbinden, geht aus der Korrespondenz Bodmers besonders mit Joh. Georg Sulzer hervor.

Am »*Noah*« vor allem schieden sich die Geister. 1750 erschienen der erste und zweite Gesang, kurz darauf, unter dem Titel »Die unschuldige Liebe« der dritte und vierte. Die erste vollständige Ausgabe in zwölf Gesängen brachte der Verlag David Gessner in Zürich 1752 heraus. Weitere vollständige Ausgaben – in der Regel „verbessert" oder „ganz umgearbeitet" – stammen aus den Jahren 1765, 1712 und 1781. Carl H. Ibershoff hat in einer Reihe kleinerer Studien die Herkunft einer Vielzahl von Textstellen geklärt. Eben die Favoriten, deren Werke das poetische Fundament der dichtungstheoretischen Schriften Bodmers und Breitingers ausmachen, erweisen sich auch in Bodmers »Noah« als Anreger: TOMMASO CEVA (1648–1737) mit seinem neulateinischen Epos »Jesus Puer« (von ihm übernahm Bodmer u. a. das Luftschiff-Motiv, vgl. »Noah«, Ausg. 1765, S. 144f., bei Ceva, III, Vers 424ff.), DANTES »Divina Commedia«, JAMES THOMSONS »Seasons« (1726–30), MILTONS »Paradise Lost« (1667) und EDWARD YOUNGS »Night Thoughts« (1742).

Der Umstand, daß die Mehrheit der zeitgenössischen und späteren Kritiker den Epen des rührigen Zürchers skeptisch oder gar ablehnend gegenüberstand, darf nicht zu der Annahme verleiten, als sei er auf keinerlei Gegenliebe gestoßen. Lessing rügte zwar Bodmers mangelhafte Kenntnis der lateinischen Prosodie, bescheinigte dem »Noah« aber auch „viel Züge einer erhabenen Dichtungskraft" (BPZ vom 7. 3. 1750). Namentlich der engere Kreis um Bodmer fand Gefallen am »Noah«, dessen Genese sich seit dem Frühjahr 1749 im Briefwechsel mit Joh. Georg Sulzer – damals bereits Professor in Berlin – verfolgen läßt. Sulzer besorgte die Drucklegung des Werkes und machte es seinem eigenen Freundeskreis mit einem Enthusiasmus bekannt, der uns heute kaum noch begreiflich erscheinen will. Ewald von Kleist, so berichtete er Bodmer am 26. Januar 1750, habe „der erste Gesang sehr oft zum Weinen gebracht". Und weiter heißt es: „Er [Kleist] hielt das Werk anfänglich für Klopstocks Arbeit" (Körte, S. 123). Von „angenehmen Empfindungen" (ebda., S. 154) und Tränenseligkeit ist immer wieder die

Rede. Verständlich wird diese Reaktion nur dann, wenn man den Stellenwert nicht außer acht läßt, der der Dichtung im gesellschaftlich-politischen und religiösen Wertsystem um 1750 nach wie vor zukam.

Ein undatierter Brief des mit Bodmer befreundeten Pfarrers von Altstetten, JOH. CASPAR HESS, ist in dieser Hinsicht aufschlußreich. Hess wollte die Gemütsgaben – Witz, Einbildungskraft usw. – nur im Hinblick auf die religiöse Praxis und theologische Erkenntnis aktiviert wissen, wobei er der Überzeugung war, „daß dieses neben anderem auch vermittelst der Poesie geschehen müsse, ... und dann endlich, daß der allerhöchste Grad derselben Gemüthesgaben auf die Religion nicht besser könne angewendet werden, als vermittelst eines christlichen Heldengedichtes" (Stäudlin, S. 151). Noch deutlicher sagte es Sulzer in einem schmalen, der Rechtfertigung der religiösen Epik gewidmeten Bändchen, »Gedanken von dem vorzüglichen Werth der Epischen Gedichte des Herrn Bodmers« (1754): „Ich sehe den Noah, den Jacob und andre Helden meines Dichters nicht als theatralische Personen an... Sie sind mir Prediger der Gottesfurcht und Rechtschaffenheit, erhabene Muster aller Tugenden, Exempel der Menschen" (»Gedanken von dem vorzügl. Werth«, S. 6). Das religiöse Epos als legitimer Nachfahr des Erbauungsbuches, könnte man sagen. Daß der »Noah« als solches aufgenommen wurde, steht außer Zweifel.

Als Lessing im 63. Literaturbrief bei der Besprechung von Wielands »Johanna Gray« die Unterscheidung zwischen »moralisch gut" und „poetisch böse" traf, stieß er damit zunächst noch auf Unverständnis und Ablehnung. Gerade der junge, ganz von Bodmer beeinflußte Wieland – im Oktober 1752 war er in Zürich eingetroffen – beurteilte die Güte einer Dichtung noch völlig nach den Maßstäben der ihr immanenten Moral. In der »Abhandlung von den Schönheiten des Epischen Gedichts Der Noah« (Vorbericht, datiert: 8. April 1753) legte er ein beredtes Zeugnis für seine Gesinnung ab. Dem Oberhofprediger AUGUST FRIEDRICH WILHELM SACK widmete er die „Zuschrift" zu den »Empfindungen eines Christen« (1757), eine neuerliche Betonung seines streng moralistischen Standpunkts gegenüber Johann Peter Uz und „Geistern von dieser Art" (Abdr. in AA, Bd. 2, S. 336–405; Zitat S. 339).

Man geht gewiß nicht fehl, wenn man Sack als Exponenten jenes gehobenen Bürgertums sieht, von dem Dichtungen wie der »Noah« begierig aufgegriffen wurden, um sie dem frivolen Schrifttum der Anakreontiker entgegenzuhalten. Die ästhetischen Einsichten der Schweizer (vgl. Kap. III, G) wurden dann soweit akzeptiert, wie sie dem Tugendsystem dieses Bürger-

tums und den pastoralen Bemühungen der Theologen entgegenkamen.

„Wo ist ein anständigerer Gegenstand für die schönste Gemüths-
kräfte und den erhabensten Schwung des menschlichen Geistes, als
Gott und die Religion? "Diese Frage stellte der junge WIELAND am
Ende des Kapitels »Vom Wunderbaren im Noah« seiner umfang-
reichen »Abhandlung von den Schönheiten« dieses Epos (ebda.,
S. 318). Die scharfe Kritik Lessings und Nicolais (vgl. den fünften
seiner ›Briefe über den itzigen Zustand der schönen Wissenschaften
in Deutschland‹, 1755) hinderte einen kleinen Kreis nicht daran, den
»Noah« als Erbauungslektüre freudig zu begrüßen. Nichts anderes
will es heißen, wenn Sulzer im November 1752 nach Zürich meldete:
„Aber vergessen Sie meiner Wilhelmine [d. i. Sulzers Frau], und
Herrn Sacks nicht. Ich begreife nicht, warum dieser letztere Ihnen
nicht schreibt, da er doch seit geraumer Zeit her von nichts als dem
Noah spricht, den er in seiner Familie zum Hausbuche gemacht hat."
(Körte, S. 189).

c. Sonstige Dichtungen

Bodmers Beitrag zur *Verserzählung,* einer der beliebtesten
Gattungen seiner Zeit, ist bescheiden geblieben. Daß er das
Thema vom edlen Wilden (»Inkel und Yarico« 1756) und von
der bewährten Beständigkeit (»Monima«, 1767) aussuchte, ist
mit einiger Sicherheit folgendem Umstand zuzuschreiben: die
Stoffe stammen aus Joseph Addisons und Richard Steeles
›Spectator‹ (I, 43–45; der Verf. der erstgenannten Geschichte
war Steele) und Plutarchs ›Viten‹. Gellert hatte die Stoffe im
ersten Teil seiner ›Fabeln und Erzählungen‹ (1746) dichterisch
gestaltet. In einem Brief vom 4. Februar 1752 fragte Wieland
seinen Zürcher Mentor nach den Gründen für dessen Kritik an
Gellertschen Fabeln und Erzählungen: „Je mehr ich also von
Gellert halte, desto begieriger bin ich, von ihnen zu erfahren,
was Sie an Ihm aussetzen" (»Wielands Briefwechsel«, hrsg. von
H. W. Seiffert, Bd. 1, 1963, S. 37 ff.). Bodmers Antwort ist nicht
überliefert. Am ehesten wird ihn aber die eigentümliche Ver-
quickung von Sentiment und Witz, die für die Gellertschen
Verserzählungen so bezeichnenden „ästhetischen Pointen eines
Scherzes" oder das Charakteristikum einer „komisch-ironischen
Schlußwendung" (A. Anger: »Literarisches Rokoko«. ²1968,
S. 81) abgestoßen haben. Er wählte denn auch für beide Erzählungen im Gegensatz zu Gellerts Alexandrinern den Hexa-
meter, um den erhabenen Charakter des Dargestellten zu unter-
streichen. Bezeichnend ist auch die Aufnahme der beiden
Stücke in die ›Calliope‹ (Bd. 2), wo sie den heroischen Stoffen

der »Ilias« (»Die sechs ersten Gesänge der Ilias«, vgl. S. 49) und des Nibelungenliedes (»Die Rache der Schwester«, S. 41) folgen.

In den *Literaturstreit mit Leipzig* griff Bodmer mit seinem satirischen Hexameterepos »Das Banket der Dunse« ein. Die »Dunciad« Alexander Popes, die 1747 in Bodmers Übersetzung erschienen war (vgl. S. 49), wurde erneut relevant insofern, als nun Gottsched, „der große Duns", zum Inbegriff aller Ignoranz abgestempelt wurde. Hineingezogen in den Streit wurde auch Wieland. Seine »Ankündigung einer Dunciade für die Deutschen« (AA I, 4, S. 71–131) und das – an sich selbst gerichtete – »Schreiben an den Verfasser der Dunciade für die Deutschen« (ebda., S. 131–145) zeigen, wie sehr er damals die Sache Bodmers noch zu seiner eigenen machte.

Dabei hatte Bodmer schon einmal versucht, den Literaturstreit mit den Waffen der Satire zu seinen und seiner Anhänger Gunsten zu entscheiden. Das war 1755, als er in Briefform »Edward Grandisons Geschichte in Görlitz« veröffentlichte.

Der Schweizer Martin Kreuzner (wahrscheinlich ist Bodmers Freund Martin Künzli aus Winterthur gemeint), der Verfasser des »Hermann« (also der Freiherr von Schönaich), ein Fremder aus Leipzig (selbstredend Gottsched) und der von „Philokles" aus Appenzell (d. i. Zellweger) gesandte Phapsode Fridolin führen in einem Görlitzer Gasthaus Gespräche mit Edward, dem Sohn von SAMUEL RICHARDSONS Charles Grandison (Richardsons gleichnamiges Werk war 1753 erschienen!). Gegenstand des Gespräches ist die gegenwärtige und zukünftige Situation der schönen Wissenschaften in den deutschen Ländern. Daß der Fremde aus Leipzig den kürzeren zieht, steht dabei für den Verfasser der Satire von vornherein fest. Immerhin fand Lessing ein Wort des Lobes. Er bemerkte, „daß die jetzt herrschenden Streitigkeiten in dem Reiche des deutschen Witzes nirgends so kurz, so deutlich, so bescheiden, als in diesen wenigen Bogen, vorgetragen worden." (BPZ vom 29. Mai 1755).

Bodmers *Lyrik* schließt sich eng an das Vorbild HALLERS an. „Deutsche Verse", heißt es in den »Persönlichen Anekdoten«, „schrieb ich nicht eher, bis Haller mir mit seinen Gedichten vorausging" (Zürcher Tb. auf das Jahr 1892, S. 109). Haller wird neben Opitz, Canitz und König zu einem seiner poetischen Vorbilder. Sowohl seine ausgewogene Sprache als auch sein Bildgebrauch sicherten dem Verfasser des »Versuchs schweizerischer Gedichten« (¹1732) die Bewunderung der beiden Zürcher (vgl. die zahlreichen Hinweise auf Haller z. B. in der »Critischen Dichtkunst«). Bodmers Gedichte erschienen im wesentlichen in drei Sammelbänden. Johann Georg Schulthess,

der zusammen mit Sulzer 1750 Klopstock nach Zürich beglei-
tete, gab 1747 eine Reihe von Oden, Eklogen und Elegien her-
aus, und zwar unter dem Titel »Critische Lobgedichte und Ele-
gien«. Eine zweite, kaum veränderte Auflage besorgte er 1754:
»J. J. Bodmers Gedichte in gereimten Versen«. Erst nach dem
Tode Bodmers (1783) nahm sein Verehrer Gotthold Friedrich
Stäudlin eine Anzahl weiterer Oden in die ›Apollinarien‹ auf.
– Alle weiteren dichterischen Versuche Bodmers und einige
Titel von Breitinger finden sich unten verzeichnet.

Literatur

Dramen:

a) griechisch-römische Stoffe
»Marc Anton und Kleopatra Verliebung«. 1729. – Fragment in fünf-
   füßigen Jamben. Abdruck in: A. VON LÖEN: Eine Reliquie von
   Johann Jacob Bodmer an Johann Michael von Löen. Brief vom
   12. Jenner 1729. In: Blätter f. literarische Unterhaltung I (1856),
   S. 32–35.
»Ulysses, Telemachs Sohn, Ein Trauerspiel. Nach einer neuen Aus-
   bildung«. 1760.
»Electra, oder die gerechte Uebelthat. Ein Trauerspiel. Nach einem
   neuen Grundrisse«. 1760.
»Oedipus«. In: Drey neue Trauerspiele. 1761. – Besprechung in:
   BWK VII (1762), S. 318–333. Verf. der Rezension war H. W. GER-
   STENBERG.
»Julius Cäsar, ein Trauerspiel; herausgegeben von dem Verfasser der
   Anmerkungen zum Gebrauche der Kunstrichter«. 1763. – Bespre-
   chung in: BWK X (1763), S. 133–146.
»Marcus Tullius Cicero. Ein Trauerspiel«. 1764.
»Cato der Aeltere oder der Aufstand der römischen Frauen«. In:
   Neue theatral. Werke, Bd. 1, 1768.
»Marcus Brutus«. In: Polit. Schausp., 1768.
»Tarquinius Superbus«. Ebda.
»Timoleon«. Ebda.
»Pelopidas«. Ebda.
»Octavius Cäsar, ein Drama«. In: Polit. Schausp., 2. Bändgen 1769.
»Nero, ein politisches Drama«. Ebda.
»Thrasea Paetus, ein Trauerspiel«. Ebda.
»Die Tegeaten«. In: Polit. Schausp., 3. Bändgen 1769.
»Die Rettung in den Mauern von Holz«. Ebda.
»Aristomenes von Messenien«. Ebda.
»Cajus Gracchus. ein [sic!] politisches Schauspiel«. 1773.
»Patroclus, Ein Trauerspiel; nach dem griechischen Homers«. 1778.
»Brutus und Kassius Tod. Von dem Verfasser der Noachide«. 1781.

b) Biblische Stoffe:
»Der erkannte Joseph, und der keusche Joseph. Zwei tragische Styke

in fynf Aufzygen Von dem Verfasser des Jacob und Josephs, und des Joseph und Zulika«. 1754. – Angefügt von CHR. M. WIELAND: ›Briefe yber die Einfyhrung des Chemos und den Character Josephs in dem Gedichte Joseph und Zulika‹. Abdruck in: AA I, 4 (Prosaische Jugendwerke), S. 28–50.

»Der Fussfall vor dem Bruder. Ein Trauerspiel. In drey Aufzügen«. 1773. – Behandelt die Josephslegende.

»Der Tod des Ersten Menschen; und die Thorheiten des weisen Königs. Zwey religiöse Dramen«. 1776. – Angeregt durch Klopstocks »Tod Adams« (1757) und »Salomo« (1764).

»Der Vater der Gläubigen. Ein religiöses Drama«. 1778. – Gegen Lavaters ›Abraham und Issak« (1776) gerichtet.

c) Religiös-tendenziöse Stoffe:
»Arnold von Brescia in Zürich. Ein religiöses Schauspiel«. 1775. – Gegen den Lavater-Kult in Zürich gerichtet.

»Arnold von Brescia in Rom; samt Ueberbleibseln von seiner Geschichte«. 1776.

d) Vaterländische historisch-legendäre Stoffe:
»Friedrich von Tokenburg«. In: Drey neue Trauerspiele. 1761. – Besprechung von H. W. GERSTENBERG in: BWK VII (1762), S. 318 bis 333.

»Wilhelm Tell; oder: der gefährliche Schuss«. In: Schweiz. Schausp. 1775.

»Gesslers Tod; oder: das erlegte Raubtier«. Ebda.

»Der alte Heinrich von Melchthal; oder: die ausgetretenen Augen«. Ebda.

»Der Hass der Tyranney und nicht der Person, Oder: Sarne durch List eingenommen«. 1775.

e) Sonstige historische Stoffe:
»Johanna Gray«. In: Drey neue Trauerspiele. 1761. – Besprechung in: BWK VII (1762), S. 318–333.

»Der Vierte Heinrich, Kaiser«. In: Neue theatral. Werke. 1768.

»Italus«. In: Polit. Schausp., 1768.

»Der Hungerthurm in Pisa. ein Trauerspiel«. 1769. – Das Stück entstand noch vor Gerstenbergs »Ugolino« (1768). Bodmer wußte von dessen Vorhaben.

»Karl von Burgund ein Trauerspiel«. o. O. u. J. [1771] – Neudr. hrsg. von BERNHARD SEUFFERT, 1883 (= DLD 18. Jh., 9).

»Die Cherusken. Ein politisches Schauspiel«. 1778.

Epen
a) Biblische Stoffe:
Ein erster Plan zum »Noah« erschien bereits 1741: »Grundriß eines epischen Gedichtes von dem geretteten Noah«. In: Sammlung Cri-

tischer, Poetischer, und andrer geistvollen Schriften, 4. Stück (1742), S. 1–17.

»Noah ein Helden-Gedicht«. 1750. – Erster u. zweiter Gesang des »Noah«. Eine Besprechung von JOH. CASPAR HIRZEL in: Freymüthige Nachrichten 7 (1750), S. 209 ff., 234 ff., 242 ff. LESSINGS Besprechung des »Noah« in der BPZ vom 7. März 1750 (LM, Bd. 4, S. 195 f.).

»Die unschuldige Liebe«. o. O. u. J. [1750] – Dritter und vierter Gesang des »Noah«.

»Der Noah In Zwölf Gesängen«. 1752. – Erste vollständige Ausgabe in 12 Gesängen. Eine Besprechung von A. VON HALLER erschien in den ›Göttingischen gelehrten Zeitungen‹ (26. Juni 1752). Diese Ausgabe regte Wieland zur Abfassung der umfangreichen »Abhandlung von den Schönheiten des Epischen Gedichts Der Noah« an (AA I, 3, Poet. Jugendwerke, S. 299–518).

»Die Noachide in Zwölf Gesängen von Bodmern«. 1765.

»Die Töchter des Paradieses«. 1766. – Auszüge (insgesamt 210 Verse) aus dem »Noah«.

»Die Noachide in Zwölf Gesängen von Bodmern. Neueste, vom Verfasser verbesserte Auflage«. 1772.

»Die Noachide in Zwölf Gesängen von Bodmern. Aufs neue ganz umgearbeitet und verbessert vom Verfasser«. 1781.

Ein Auszug aus dem Epos erschien dann noch 1831: Johann Jakob Bodmer's Noachide. Cabinet-Ausgabe. Hildburghausen 1831 (= Cabinets Bibliothek der deutschen Klassiker, 114. NF 34).

»Jacob und Joseph: Ein Gedicht in drei Gesaengen«. 1751. – Erweitert zu »Jacob und Joseph ... in Vier Gesaengen«. 1754. U. d. T. »Jacob« auch in ›Calliope‹, Bd. 1, 1767, S. 113–209. LESSINGS Besprechung in: CNRG, 2. Juli 1751 (LM, Bd. 4, S. 229–31).

»Jacob und Rachel: Ein Gedicht in zween Gesaengen«. 1752. U. d. T. »Rahel« auch in ›Calliope‹, Bd. 1, 1767, S. 211–263. Eine weitere Auflage erschien 1759. Vgl. ferner WIELAND: »Zuschrift zu Bodmers Jakob und Rachel (Abdr. in: AA I, 4, Prosaische Jugendschriften, S. 1–3).

»Die Syndflut. Ein Gedicht. In fynf Gesaengen«. 1753. – Gesang 1 und 2 bereits 1751 erschienen. Aufgenommen auch in ›Calliope‹, Bd. 1, S. 1–111. Vgl. ferner WIELANDS »Neue Vorrede zu Bodmers Syndflut« (Abdr. in AA I, 4, S. 12–15). LESSINGS Besprechung in: CNRG, 2. Juli 1751 (LM, Bd. 4, S. 231).

»Joseph und Zulika in zween Gesaengen«. 1753. – U. d. T. »Joseph« auch in ›Calliope‹, Bd. 1, 1767, S. 265–319. Vgl. dazu WIELAND: »Schreiben eines Junkers vom Lande an Herrn *** in Z. über die Gedichte, Joseph und Zulika, und Dina und Sichem« (Abdr.: AA I, 4, S. 22–25) und »Zufällige Gedanken bey Durchlesung Josephs und Zulika« (Abdr.: ebda., S. 25–27).

»Dina und Sichem. In zween Gesaengen«. 1753. – U. d. T. »Dina« auch in ›Calliope‹, Bd. 1, 1767, 351–403. Vgl. dazu WIELANDS »Schreiben eines Junkers vom Lande« (Abdr.: AA I, 4. S. 22–25).

»Jacobs Wiederkunft von Haran; ein Gedicht«. 1753. – Auch in
›Calliope‹, Bd. 1, S. 321–350.
»Die gefallene Zilla. In drei Gesängen«. 1755. – U. d. T. »Zilla« in
›Calliope‹, Bd. 2, 1767, S. 87–156. – Umgestaltung des Stoffes vom
Sündenfall.
Die Stücke »Jacob und Joseph« sowie »Joseph und Zulika« wurden
zum Drama »Der erkannte Joseph« (vgl. S. 63) umgearbeitet.

b) Sonstige historische und legendäre Stoffe:
»Die Colombona. Ein Gedicht in fynf Gesaengen«. 1753. – Auch in
›Calliope‹, Bd. 1, 1767, S. 405–508. Behandelt den Columbus-
Stoff.
»Monima«. In: ›Calliope‹, Bd. 2, 1767, S. 381–386. – Nach Plutarchs
›Viten‹.
»Conradin von Schwaben ein Gedicht mit einem historischen Vor-
berichte«. 1771.
»Die Gräfinn von Gleichen ein Gedicht mit einem historischen Vor-
berichte«. 1771.
»Drey epische Gedichte. Makaria. Sigowin. und Adelbert«. 1778. –
Der »Makaria« liegen die ›Herakliden‹ des Euripides zugrunde.
»Hildebold und Wibrade. Maria von Braband«. 1776. – In der »Ma-
ria« zahlreiche Zitate aus Shakespeares »Othello«.

Satirische und parodistische Stücke

a) Satiren:
»Edward Grandisons Geschichte in Görlitz«. 1755. – Zum Literaturstreit zwischen Leipzig und Zürich. Eine Besprechung LESSINGS
in der BPZ vom 29. Mai 1755 (LM, Bd. 7, S. 31 f.).
»Das Banket der Dunse«. 1758. – Gegen Gottsched gerichtet. Vgl.
dazu WIELAND: »Schreiben an den Verfasser der Dunciade für die
Deutschen« (Abdr. in: AA I, 4, Prosaische Jugendwerke, S. 131
bis 145).
»Die Larve, ein Comisches Gedicht«. 1758. – Gegen Gottsched gerichtet.
Im Bodmer-Nachlaß der ZBZ (MsB 26. 4) befindet sich ein auf Gerstenbergs »Ugolino« anspielendes Stück »Das Parterre in der Tragödie Ugolino. Ein Nachspiel.«

b) Parodien:
»Polytimet. Ein Trauerspiel. Durch Lessings Philotas, oder unge-
rathenen Helden veranlasset«. 1760. – Eine „Vorrede" dazu mit
dem Titel »Urtheil eines Kunstrichters über Lessings Philotas«
auch in den ›Freymüthigen Nachrichten‹ 16 (1750), S. 298 ff.
»Odoardo Galotti, Vater der Emilia. Ein Pendant zu Emilia. In einem
Aufzuge: und Epilogus zu Emilia Galotti. Von einem längst bekannten Verfasser«. 1778.
»Atreus und Thyest«. In: Neue theatral. Werke. 1768. – Gegen Chri-

stian Felix Weisses gleichnamiges Blankversdrama von 1767 gerichtet.

»Eindrücke der Befreiung von Theben, eines Leipzigischen Trauer-
spieles auf einen Kenner der Griechen«. In: Neue theatral. Werke.
1768. – Anlaß bot Christian Felix Weisses Drama »Die Befreiung
von Theben« (1764).

»Der neue Romeo. Eine Tragicomödie«. 1769. – Anlaß zu dieser
Parodie war wiederum ein Stück von Christian Felix Weisse, und
zwar sein Trauerspiel »Romeo und Julia« (1767). Er glaubte damit Shakespeare übertroffen zu haben.

Aufschlußreich ist in diesem Zusammenhang der Brief Bodmers an
Sulzer vom 15. Oktober 1773: „Jüngst schrieb ich Odoardo, Emi-
liens Vater, ein Pendant zu Lessings Emilia Galotti, ein Schauspiel
in einem Aufzug. Fürchten Sie nicht, daß ich das Ding herausgebe:
es soll in meinem Pult vermodern. Nicht, daß ich Lessing fürchte;
ich kann ihn nicht ärger beleidigen, als er sich schon von mir belei-
digt hält. Und ich erkenne Lessings Genie in der Galotti. Aber er
verdirbt die Sitten, er erlaubt sich Widersprüche, falsche sentiments,
er gibt Laster für Tugenden". (Abdr. bei Baechtold: GDLS, S. 651).

Sonstige Dichtungen

»Pygmalion und Elise«. In: Neue Erzählungen verschiedener Verfasser. 1747. S. 1-68. – Prosaerzählung, angeregt durch Cordon-
nier, gen. Saint Hyacinthe (1684–1746). Eine zweite Auflage erschien 1749.

»Der Land-Busem«. In: Crito. Eine Monat-Schrift, 4. Stück, 1751,
S. 141–144. – Naturgedicht in Hexametern.

»Inkel und Yariko«. 2 Teile 1756. – Auch in ›Calliope‹, Bd. 2, S. 373
bis 379. Bodmer kannte den Stoff aus dem ›Spectator‹ (I, 43–45).

»Cimon, ein Schäferspiel von Bodmer«. o. J. – Der Stoff war Bodmer
aus dem »Decamerone« (V, 1) bekannt. Entstanden ist das Schäferspiel um 1746. Gedruckt wurde es nach einer Umarbeitung von
1767 erst 1773 in Schirachs ›Magazin der deutschen Critik‹, 2,
2. Teil, S. 101 ff.

»Der Levit von Ephraim aus dem Französischen des Rousseau in
dem Plane verändert von Bodmer«. 1782.

Gedichte in größeren Sammlungen

Bodmers Gedichte erschienen im wesentlichen in zwei Sammlungen,
die seine Freunde und Verehrer JOHANN GEORG SCHULTHESS, Zürich,
und GOTTHOLD FRIEDRICH STÄUDLIN, Tübingen, besorgten:

a) »J. J. B. Critische Lobgedichte und Elegien. Von J. G. Schuldheiß
besorgt«. 1747.
Darin: »ΕΥΕΡΓΕΤΑΙ, oder Die Wohltäten des Standes Zürich«,
3–14 – »Charakter der Deutschen Gedichte«, S. 17–62 – Eingang
zu Königs [d. i. Joh. Ulrich König] Gedicht auf das Lager«, S. 76
bis 78.
Elegien: »Trauer eines Vaters«, S. 81–93 – »Die gerechtfertigte

Trauer«, S. 94–103 – »Das Mitleiden des Leidenden. An Hrn. D. Haller«, S. 104–110 – »Der eheliche Dank«, S. 118–124.
Ekloge: »Die Entzauberung«, S. 127–130.
Ode: »An Philokles« [d. i. Laurenz Zellweger in Trogen], S. 133 bis 136.
Eine zweite, kaum veränderte Auflage erschien unter dem Titel: »J. J. Bodmers Gedichte in gereimten Versen, Mit J. G. Schuldheissen Anmerkungen; Dazu kommen etliche Briefe«. 1754.

b) »Bodmers Apollinarien«. Hrsg. von GOTTHOLD FRIEDRICH STÄUDLIN. 1783.
Darin u. a. folgende Oden: »An Hessen«, S. 31–44 – »An Füßli in London«, S. 282–287 – »An Schinz, Prediger in Altstetten«, S. 296 bis 302 – »An Sulzers Maierhof«, S. 310–313.

Darstellungen

Zu den Dramen:

GUSTAV ROETHE: Die deutschen Quellen des Schillerschen »Tell«. In: Forschungen zur deutschen Philologie. Festgabe für Rudolf Hildebrand zum 13. März 1894. S. 224–276.

OLGA FRANKE: Euripides bei den deutschen Dramatikern des 18. Jahrhunderts. 1929 (= Das Erbe der Alten, II, 16).

ANTHONY SCENNA: The treatment of ancient Legend and History in Bodmer. New York 1937 (= Columbia University Germanic Studies, NS 5).

FRITZ WINTERLING: Das Bild der Geschichte in Drama und Dramentheorie Gottscheds und Bodmers. Diss. Frankfurt/M. 1955.

Zu den Epen:

NIKOLAUS EMANUEL VON TSCHARNER: Beurtheilung des Heldengedichts der Noah. 1750. – Travestierende Kritik, in der Bodmer mit einer Krähe verglichen wird, die sich mit fremden (d. h. Klopstocks) Federn schmückt. Da der Verf. des »Noah« zunächst unbekannt geblieben war, wußte Nikolaus, der Sohn des Landvogts Tscharner in Frauenfeld, nicht, daß sich seine Kritik gegen einen Freund des Hauses richtete. Auf eine Intervention Breitingers hin wurden die gedruckten Exemplare wieder eingezogen und Bodmer überreicht (vgl. Baechtold: GDLS, S. 600 ff.).

JOHANN GEORG SULZER: Gedanken von dem vorzüglichen Werth der Epischen Gedichte des Herrn Bodmers. 1754. – Erreichbar war dem Verf. des vorliegenden Buches das wahrscheinlich einzige Exemplar in der BRD: Staats- u. UB Hamburg, Sign. A/32 803.

ERMANNO LOEVINSON: Cristoforo Colombo nella letteratura tedesca. Roma 1893.

BERNHARD SEUFFERT: Prolegomena zu einer Wieland-Ausgabe. III. IV. In: Abhandlungen der Kgl. Preußischen Akademie der Wissenschaften. Berlin 1905; Abhandlungen nicht zur Akademie gehöriger Gelehrter. Philos.-histor. Abh. II. – Zur gemeinsamen Tätigkeit Bodmers und Wielands.

CARL HENRY IBERSHOFF: A German Translation of Passages in Thomson's »Seasons«. In: MLN 26 (1911), S. 107–109.
AUGUST SEMLITSCH: J. J. Bodmers Noachide. Diss. Graz 1917.
CARL HENRY IBERSHOFF: Dryden' Tempest as a Source of Bodmer's Noah. In: Mod. Philology 1917, S. 589–601.
DERS.: Bodmer and Milton. In: JEGPh. 17 (1918), S. 589–601.
DERS.: Bodmer indebted to Dante. In: MLN 39 (1924), S. 247f.
DERS.: Another French Source of Bodmer. In: ebda., S. 434–436.
DERS.: Bodmer's Borrowings from an Italian Poet. In: MLN 40 (1925), S. 80–84.
DERS.: Bodmer and Young. In: JEGPh. 24 (1925), S. 211–218.
DERS.: Bodmer's indebtedness to Voltaire. In: Mod. Philology 23 (1925/26), S. 83–87.
DERS.: Bodmer and Newton. In: MLR 21 (1926), S. 192–195.
DERS.: Bodmer's indebtedness to Klopstock. In: PMLA 41 (1926), S. 151–160.
DERS.: Bodmer and Thomson's »Seasons«. In: MLN 41 (1926), S. 29–32.
DERS.: Bodmer and Klopstock once more. In: JEGPh. 26 (1927), S. 112–123.
MARGARETE USSELMANN: Bodmer als Nachahmer Klopstocks. Diss. München 1929.
HEINRICH MAIWORM: Die Wiederbelebung des Epos im 18. Jh. Mit besonderer Berücksichtigung von Klopstocks Messias und dem Versuch einer Epostheorie. Diss. Tübingen 1949.
JULIUS WIEGAND und WERNER KOHLSCHMIDT: Patriarchaden. In: Reallexikon der dt. Literaturgesch., Bd. 3 (1. Lfg.), ²1966, S. 72–74.

Zu den Satiren und Parodien:
MONTAGUE JACOBS: Gerstenbergs »Ugolino«, ein Vorläufer des Genie-dramas. 1898 (= Berliner Beiträge zur german. u. roman. Philologie, XIV, Germ. Abt. 7).
ERICH MEISSNER: Bodmer als Parodist. 1904.
WERNER RIECK: Zu J. J. Bodmers Odoardo Galotti. In: Forschungen u. Fortschritte 40 (1966), S. 332–335.

7. Kritisch-ästhetische Schriften

Drei der vier kritisch-ästhetischen Hauptschriften von 1740/41 sind das Ergebnis einer engen Zusammenarbeit der beiden Zürcher. Der eine verfaßte jeweils das Vorwort zur Schrift des anderen Partners. Eine Reihe brieflicher Äußerungen machen deutlich, daß die Planung, erste Entwürfe und die sich anschließende Detailarbeit sehr oft beider gemeinschaftliches Werk sind. Im Vorwort zu seines

Freundes »Critischer Abhandlung von der Natur, den Absichten und dem Gebrauche der Gleichnisse« (1740) berichtet Bodmer über die Genese des Buches: „Es war die beständige Materie unsrer Unterredungen, wenn ich mit diesem meinem werthesten Freunde an dem Gestade der Lindemag oder der Siel einsam gespazieret, da ich denselben durch meine Fragen und Entwürffe zu vielen ausführlichen Erklärungen vermocht, oder zu Untersuchungen gantz neuer Abschnitte seiner Materie veranlasset... Ich sehe mich derowegen als den Pflegvater dieses Critischen Werckes an" (ebda., Vorrede, Bl. A2r).

So oder doch so ähnlich müssen wir uns die gemeinsame Arbeit vorstellen. Wie weit sich die weiteren, kleineren ästhetisch-kritischen Studien erstreckten, entzieht sich unserer Kenntnis. Der Nachlaß in der ZBZ bietet zu wenig an konkreten Hinweisen, als daß wir den Anteil eines jeden genau zu umreißen vermöchten. Diese kleineren Schriften gruppieren sich um die Schriften von 1740/41 und ergänzen sie in mancher Hinsicht.

In diesem Zusammenhang verweisen wir auch auf eine von Bodmer und Breitinger herausgegebene literarische Zeitschrift: ›Sammlung Critischer, Poetischer und andrer geistvollen Schriften, Zur Verbesserung des Urtheils und des Wizes in den Wercken der Wohlredenheit und der Poesie‹ (1741–44). In ihr finden sich eine Reihe wertvoller ästhetisch-kritischer und literarhistorischer Aufsätze, die hier freilich nicht im einzelnen besprochen werden können.

Wie stark die ästhetisch-kritischen Schriften der rhetorischen Tradition verpflichtet sind, wird allenthalben deutlich. In der Abhandlung über die „Einbildungskraft" (1727) kehren Bodmer und Breitinger der Rhetorik zwar offiziell den Rücken, führen aber gleichzeitig Autoritäten wie Cicero, Horaz, Quintilian und Longinus ins Feld, wenn es gilt bestimmte Aussagen zu stützen. Wenn also im folgenden der eine oder andere Einfluß (z.B. Dubos, Muratori) erwogen wird, so kann es sich im einzelnen Falle ebenso gut um einen locus communis handeln.

Neben den kleineren kritisch-ästhetischen Studien und den Hauptschriften nimmt der »Brief-Wechsel von der Natur des poetischen Geschmackes« (1736) eine Sonderstellung ein. Wir widmen ihm einen eigenen Abschnitt.

a. Kleinere kritisch-ästhetische Schriften:

Die Schrift über die „Einbildungs-Krafft" (1727) und die »Anklagung des verderbten Geschmackes« (1728).

Keine Schrift verrät die geistige Herkunft der Schweizer so offenkundig wie die Abhandlung »*Von dem Einfluß und Gebrauche der Einbildungs-Krafft*«, die Baechtold in seiner schweizerdeutschen Literaturgeschichte Bodmer und Breitinger zuschreibt (GDLS, S. 538). Die Schrift wurde „Se. Excellentz, Herrn Christian Wolffen" dediziert. Daß sie ursprünglich nur einen Teil einer umfassenden Ästhetik bilden sollte, geht aus der folgenden Bemerkung in der „Vorrede" hervor:

„Was ich in den folgenden Bögen an das Licht gebe / ist allein das erste Buch oder Theil von dem gantzen Wercke; welchem noch vier andere Bücher folgen werden... Der gegenwertige Theil handelt von dem Einfluß / welchen die Einbildungs-Krafft auf die Beredsamkeit hat / und begreiffet also alle Gattungen Beschreibungen... des menschlichen Gemüthes... Der zweyte Theil wird die wichtige Frage von dem was in den Reden und Schrifften geistreich oder scharffsinnig ist / erörtern; auch über diesen Punct lehren / was der Witz als eine besondere Krafft der Seele für Einfluß auf die Beredsamkeit habe. In dem dritten werde ich untersuchen / worinne der gute Geschmack in Ansehen aller Gattungen der Dichtungen bestehe / und wie die Krafft zu dichten / welche die Seele empfangen hat / müsse gebraucht werden. Der vierdte Theil ist nur ein besonderer Abschnitt von der Dichtung / und handelt von den verschiedenen Gattungen der Poeterey... Des fünfften Theiles Inhalt ist von dem höchsten Grade der Vollkommenheit / zu welchem die Seele in dem Punct der Wolredenheit hinauf steigen kan / nemlich dem Erhabenen in den Schriften: Hier untersuche ich von Capitel zu Capitel den Tractat des Longinus / so der eintzige ist, der über diese Materie geschrieben hat."

Zur Ausführung dieses großangelegten Plans in der hier angedeuteten Form ist es nicht gekommen. Indessen kann man die Darlegung der dichtungstheoretischen Einsichten in den Schriften von 1740/41 mit Fug und Recht als eine teilweise Verwirklichung des ursprünglichen Plans ansehen.

Gottsched und die beiden Schweizer gingen zunächst von den gleichen Voraussetzungen aus: von der Dichtung als imitatio naturae. Der zwanzigste der ›Discourse der Mahlern‹ empfiehlt die Natur ausdrücklich als verbindliches Vorbild für alle Künstler, nicht nur für die Poeten. Urbild und Abbild in Übereinstimmung zu bringen, hielt man sowohl in Leipzig als auch in Zürich für die Prämisse jeglichen ästhetischen Vergnügens. Das war 1721. Und an dieser Prämisse hielten die Schweizer fest. In der CHRISTIAN WOLFF gewidmeten Schrift heißt es: „Der Zweck der Beschreibung ist, wie ich bedeutet habe, durch die Ähnlichkeit mit dem Urbilde die Leser zu belustigen" (»Einbildungs-Krafft«, S. 23). Man tut gut daran, diese Ausgangsposition der Schweizer zu betonen; denn nur so kann der historische Ort ihres Schaffens, ihre eigentümliche Übergangsstellung zwischen einer aufklärerischen und einer neuen, in die Zukunft weisenden Dichtungsauffassung ausgemacht werden.

Wie in Wolffs »Vernünftigen Gedancken von Gott, der Welt und der Seele des Menschen« wird auch in der Frühschrift von 1727 die Einbildungskraft noch keineswegs als eigenberechtigte produktive Kraft anerkannt, sondern eher als „Instrument der Sinnen", als Fähigkeit, vergangene Eindrücke zu reproduzieren. Gott, so heißt es in der „Vorrede", habe den Menschen die besondere Begabung verliehen, „daß sie die Begriffe und die Empfindungen, so sie einmal von den Sinnen empfangen ... auch in der Abwesenheit und entferntesten Abgelegenheit der Gegenstände nach eigenem Belieben wieder annehmen, hervorholen und aufwecken" können (»Einbildungs-Krafft«, Vorrede, S. 3 ff.). Maßgeblich bleibt die Konfrontation von Urbild und Abbild; das eigentliche ästhetische Vergnügen entspringt dann der Entdeckung von Ähnlichkeiten zwischen beiden. Das Vergnügen ist mithin Resultat einer intellektuellen Operation.

Wie weitgehend diese Auffassung den Vorstellungen WOLFFS und GOTTSCHEDS konform ging, ist offensichtlich. Im Entdekken von Ähnlichkeiten manifestiert sich der Witz, der seinerseits in enger Beziehung zur Einbildungskraft gesehen werden will. Bei Wolff lesen wir: „Derowegen da die Leichtigkeit die Ähnlichkeiten wahrzunehmen der Witz ist; so ist klar, daß Witz aus einer Scharfsinnigkeit und guten Einbildungskraft und Gedächtnis entstehet" (»Vernünftige Gedanken«, § 858).

Gegenstand der Nachahmung ist aber nicht nur die empirisch erfahrbare Natur, sondern auch das Mögliche, das Wahrscheinliche, das sich in der gegenwärtigen Weltverfassung zwar nicht realisiert, in einer anderen jedoch bestehen könnte. Auch diese Ansicht hätte nicht notwendigerweise zur Auseinandersetzung mit Gottsched führen müssen; denn nichts lag diesem ferner als die Forderung einer platten Wiederholung des Wirklichen im Bilde. Der Ausgangspunkt der Querelen lag vielmehr darin, daß die Schweizer nunmehr den Spielraum zwischen der Natur einerseits und der Nachahmung andererseits nachdrücklich erweiterten.

Das kam bereits 1728 aufs deutlichste zum Ausdruck. In diesem Jahre hatte Bodmer dem von ihm verehrten Dresdener Hofpoeten Joh. Ulrich König die »*Anklagung des verderbten Geschmackes*« gewidmet. Die Schrift, die den Columnentitel »Antipatriot« trägt, war schon 1725 konzipiert worden, blieb aber bei Leipziger Verlegern unveröffentlicht liegen und erschien

schließlich im Selbstverlag. Wenn Baechtold das Werkchen „un-
bedeutend" nennt (GDLS, S. 537), so tut er damit dem Verfasser gewiß unrecht.

Was hier vorliegt, ist nämlich nicht so sehr eine „Stichelrede"
(Schreiben an J. U. König, Bl. A3ʳ) auf die ›Tadlerinnen‹ und den
›Patrioten‹ als vielmehr eine Ästhetik in nuce. Schon die fünf
Kapitelüberschriften zeigen deutlich, worum es geht: A: »Historie der Schrifften Welche nach dem Muster des ›Zusehers‹ (d. h.
des ›Spectators‹) geschrieben sind« (S. 1–16); B: »Von dem Character des Patrioten und der Tadlerinnen« (S. 17–42); C: »Von dem
Sinnreichen und Scharffsinnigen« (S. 43–90); D: »Von den Charac-
tern ihrer Personen« (S. 91–109; gemeint sind die in den ›Tadlerinnen‹ und im ›Patrioten‹ geschilderten Charaktere); E: »Von den
Dichtungen überhaupt« (S. 110–151). Bemerkungen wie die folgende
mußten in Leipzig Mißfallen erregen: »Ein guter Scribent bildet
nicht allein die reichen Werke, welche ihm die Natur vor Augen leget,
mit seiner Feder nach: Seinem stolzen Sinn ist auch der weite Um-
kreis der Natur viel zu enge: Er sucht sich neue Spuhren… Ein Scribent bauet sich selbst in seiner Phantasie neue Welten" (S. 110). Wie
wenige Äußerungen im Frühwerk der Schweizer erscheint uns diese
geeignet, die Kontinuität ihres kritisch-ästhetischen Schaffens hervor-
zuheben. Den Charakter der Verbindlichkeit erhielten sie indessen
erst in den Hauptschriften von 1740/41.

Breitingers »Vertheidigung der Schweitzerischen Muse, Hrn.
D. Albrecht Hallers« (1744).

Bei der Verteidigung ihres Stilideals sahen sich die Schweizer
einer doppelten Schwierigkeit gegenüber. Einerseits galt es,
den Extremen der barocken Metaphorik entgegenzuwirken,
andererseits von dieser gerade soviel zu bewahren, um der
Dichtung jenen „sinnlichen" Charakter zu geben, der ihr nach
ihrer Ansicht eignet. Die Werke des sogenannten „schwäbischen Zeitalters" erfüllten ihre Erwartungen in gewisser Hinsicht. Wir sahen, wie sehr sie sich bemühten, die Lyrik und
Epik des Mittelalters zu Vorbildern auch für die zeitgenössische
Dichtung zu erheben. Exempel in diesem Sinne waren nach
ihrer Ansicht für die neuere Zeit neben den ausländischen Vorbildern (Milton, Tasso, Dante) vor allem Opitz, für die ‚Gegenwart' Canitz, Besser, König, Hagedorn, vor allem Haller. Anlaß für die Verteidigungsschrift waren Kritiken in den ›Critischen Versuchen‹ der Deutschen Gesellschaft in Greifswald
(3 Bde. 1741–46) und den ›Bemühungen zur Beförderung der
Critik und des guten Geschmacks‹ (2 Bde., Halle 1743–47), die
sich gegen die Stilhaltung des schweizerischen Dichters richte-

ten. „Dunkel" sei seine „Schreibart" und darüber hinaus „mystisch": „Wir wünschen, aus wahrer Liebe zur Deutlichkeit, Anmuth und Schönheit der Schreibart in der Dichtkunst, daß sich diese Seuche nicht weiter in Deutschland ausbreiten und mehrere Liebhaber der Dichtkunst anstecken möge" (aus den ›Bemühungen‹, zit. nach »Vertheidigung«, S. 77).

Was hier beanstandet wird, deutet Breitinger positiv. Ohne nun seinerseits der Obscuritas das Wort zu reden, verteidigt er Hallers Dichtung mit dem Hinweis auf jene „Logik der Einbildungskraft", die vier Jahre zuvor im Mittelpunkt der Hauptschriften gestanden hatte. Er gibt zu bedenken, daß „aus der Natur eines Gedichtes erhellet, daß sich deutliche, vollständige, ausführliche und tiefsinnige Begriffe für ein solches gar nicht schicken; sondern daß der Poet sich an dem Wahrscheinlichen, welches aus dunkeln und undeutlich klaren Begriffen entstehet, sättigen muß" (»Vertheidigung«, S. 13 f.). Das aber gehört zum festen terminologischen Bestand der Schönheitslehre ALEXANDER GOTTLIEB BAUMGARTENS und seines eifrigsten Verteidigers, GEORG FRIEDRICH MEIER. Gemäß der Baumgartenschen Definition vom Gedicht als einer „oratio sensitiva perfecta" kann eine angemessene Beurteilung dichterischer Qualitäten nur den Grundsätzen der „sinnlichen" Erkenntnis folgen. Die „deutliche" Einsicht gehört in den Bereich des logischen, diskursiven Denkens; die „undeutliche" macht das Wesen der sinnlichen oder anschauenden Erkenntnis aus. Seinen Gewährsmann nennt Breitinger im ersten Abschnitt seiner Schrift. Baumgarten habe „das Herz gefasset, eine richtige und fruchtbare Erklärung von einem Gedichte ausfündig zu machen, und auf den Grund derselben ein ganzes Gebäude der Dichtkunst in einem schließenden Zusammenhang aufzuführen ... in einer lateinischen Schrift von wenig Bogen unter dem Titel: Meditationes philosophicae de nonnullis ad Poema pertinentibus" (»Vertheidigung«, S. 5).

Die ›Critischen Briefe‹ (1746) und die ›Neuen Critischen Briefe‹ (1749).

Bodmer wählte die literarische Form des fingierten Briefes, um bereits geäußerten kritisch-ästhetischen Ansichten oder literarhistorischen Einsichten einen stärkeren Akzent zu verleihen. Es geht um Ergänzungen und neue Aspekte. So findet die Diskussion um das Trauerspiel, die Bodmer mit Calepio führte (vgl. S. 79 ff.), eine ganz wesentliche Ergänzung im ersten